Dale Carnegie
戴爾・卡耐基
經典名著

成功出色的 人際溝通

經典版

戴爾・卡耐基 著
林郁 主編

名人推薦

除了自由女神，卡耐基或許就是美國的象徵。

——美國《時代周刊》

在出版史上，沒有任何一本書能像卡耐基那樣持久地深入人心，也唯有卡耐基的書，才能在他辭世半個世紀後，還占據著我們的排行榜。

——《紐約時報》

與我們應取得的成就相比，我們只不過是半醒著，我們只利用了身心資源的一部分。卡耐基因為幫助職業人士開發他們蘊藏著的潛能，在成人教育中掀起了一種風靡全球的運動。

——威廉・詹姆斯（哈佛大學著名心理學教授）

由卡耐基開創並倡導的個人成功學，已經成為這個時代有志青年邁向成功的階梯，通過它的傳播和教導，無數人明白了積極生活的意義，並由此改變了他們的命運。卡耐基留給我們的不僅僅是幾本書和一所學校，其實真正價值是：他把個人成功的技巧傳授給了每一個想成功的年輕人。

——甘迺迪總統（1963年在卡耐基逝世紀念會上的演講）

你真想將自己的生活改變的更好嗎？如果是，那麼本書可能是你們遇到的最好的書之一。

閱讀它，再閱讀它，然後開始行動。

——奧格・曼丁諾《世界上最偉大的推銷員》作者

《讀者文摘》推介：本書對你有什麼影響？

一　改變你陳舊的觀念，給你新的一頁，讓你耳目一新！

二　使你交友迅速，廣受歡迎，易得知己。

三　幫助你不畏困難，建立積極的人生觀。

四　幫助你使人贊同你，喜歡你。

五　增加你的聲望，和你成功事業的能力。

六　使你獲得新的機會。

七　增加你賺錢的能力。

八　幫助你成為一個更好的推銷員或高級職員。

九　幫助你應付抱怨，避免責難，使你與人相親相愛。

十　使你成為一個更好的演說家，一個健談者。

十一　使你每日生活中，易於應付這些心理學上的原則。

十二　使得有你在的場合，便可激起人生的熱忱。

關於・本書

這本「說話術」，不止告訴我們談話的祕訣，同時對自我啟發、工作、人際關係、人生應有的態度等的改善，都有很好的啟示。同時，它也是基於眾多的體驗寫成，並非桌上的議論以及學問上的研究報告所能比擬，具有一股強大的說服力，以及不可抗拒的魅力。這也就是世界各地之所以有那麼多卡耐基信奉者的最大理由。

人類社會是由「溝通」所形成，且「溝通」的方式絕大部分是靠「說」與「聽」兩者所形成。雖然溝通的方式還有使用眼睛「看」的方式與利用皮膚「接觸」的方式，以及「嗅」的方式，但是仍然以「說」及「聽」壓倒性的多數，其範圍較大，而且已經是我們生活的絕大部分。

古人標榜「沈默是金」，一向以少說話為美德，但是社會已經變遷，不善於談話的人，已經不適合擔任溝通者或領導者了。

如今所謂的價值觀以及欲求都改變了。由於生活趨向於多樣化，縱然是在同一時代中，價值觀及欲求也傾向多樣化。在如此複雜的人際關係中，如果一直保持沈默的話，就不能使「溝通」進行得圓滿。因此，非具有正確與有效的談話技巧不可。

就「溝通」方面的能力來說，不僅對於領導者很重要，一般的從業員也不可或缺，因為企業環境越來越艱難，為了能夠順利的進行工作，非得跟上司及同事之間有著圓滿的溝通不可。如果缺乏自我主張以及說服的能力，將被逐入對自己不利的境地。所以，為了保持職業上的良好人際關係，以及使各單位的工作配合良好，培養「說話術」以及溝通能力，已經變成了刻不容緩的事了。

除了職業上以外，在家庭中的父母與子女如果缺乏溝通，也將導致諸多問題，而這些問題也正是說話能力不足所帶來的弊害。雖然電子、電腦以及種種的通信技術日新月異，人們的生活水準不斷的提高，但是所謂的「說話能力」，仍然有增強的必要性。

本書自一九三一年出版以來，一直是訓練如何說話的首選作品，儘管科技日新月異，而說話這門技巧仍然不變，它脫離不了人性的弱點。本書除了可以訓練自己的說話技巧，以增進溝通的能力，還可以藉此增強自信，提高積極人生的勇氣！

作者簡介

戴爾・卡耐基，被譽為二十世紀人類最偉大的人生導師，也是成功學大師。

卡耐基於一八八八年11月24日出生在美國密蘇里州的一個貧苦農民家庭，是一個樸實的農家子弟，他的童年和其他美國中西部農村的男孩子並沒有什麼不同，他幫父母幹雜事、擠牛奶，即使貧窮也不以為意。這或許是因為他根本不覺得自己家裡很貧窮。在那個沒有農業機械的年代，他和父親同樣做著那些繁重的體力活，而一年的辛勞卻可能因為一場水災而付諸東流，或者被驕陽曬枯了，或者餵了蝗蟲。卡耐基眼見父親因為這些永無終止的操勞而備受折磨，發誓絕不拿自己的一生來和天氣賭每年收成到底是如何？

如果說卡耐基的童年和其他農村男孩子有什麼不同的話，那主要是受到他母親的強烈影響。她是一名虔誠的教徒，在嫁給卡耐基的父親之前曾當過教員。她鼓勵卡耐基接受教育，她的夢想是讓兒子將來當一名傳教士或教師。

一九〇四年，卡耐基高中畢業後就讀於密蘇里州華倫斯堡州立師範學院。他雖然得到全額獎學金，但由於家境的貧困，他還必須參加各種工作，以賺取必要的生活費用。這使他感到羞恥，養成了一種自卑的心理。因而，他想尋求出人頭地的捷徑。在學校裡，具有特殊影響和名望的人，一類是棒球球員，一類是那些辯論和演講獲勝的人。他知道自己沒有運動員的才華，就決心在演講比賽上獲勝。他花了幾個月的時間練習演講，但一次又一次地失敗了。失敗帶給他的失望和灰心，甚至使他想到自殺。然而在第二年裡，他開始獲勝了。

當時，他的目標是得到學位和教員資格證書，好在家鄉的學校教書。

但是，卡耐基畢業後並沒有去教書。他前往國際函授學校總部所在地丹佛市，為該校做推銷員，薪水是一天2美元，這筆收入可以支付他的房租和膳食，此外還有推銷的佣金收入。

儘管卡耐基盡了最大的努力，但是並不太成功，於是又改而推銷肉類產品。為了找到這種工作，他一路上免費為一個牧場主人的馬匹餵水、餵食，搭這人的便車來到了奧馬哈市，當上了推銷員，週薪為17.31美元，比他父親一年的收入還要高。

雖然卡耐基的推銷幹得很成功，成績由他那個區域內的第25名躍升為第一名，但他拒絕升任經理，而是帶著積攢下來的錢來到紐約，當了一名演員。作為演員，卡耐基唯一的演出是在話劇《馬戲團的包莉》中擔任一個角色。在這次話劇旅行演出一年之後，卡耐基斷定自己幹戲劇這行沒有前途，於是他又改回推銷的老本行，為一家汽車公司推銷汽車和卡車。

但做推銷員並不是卡耐基的理想。

在他從事汽車推銷時，他對自己的能力很懷疑。

有一天，一位老者想買車，卡耐基又背誦了那套「車經」。

老者淡淡地說：「無所謂的，我還走得動，開車只不過是嘗一嘗新鮮勁，因為我年輕時曾夢想成為汽車設計師，那時還沒有汽車呢……」

老者的一番話，慢慢吸引了卡耐基。他詳細地和老者討論起自己在公司的情況，後來他們的談話又轉到了人生的話題。卡耐基講述了自己最近的煩惱：「那天凌晨，對看一盞孤燈，我對自己說：『我在做什麼，我的夢想是什麼，如果我想要成為作家，那為什麼不從事寫作呢？』您認為我的看法對嗎？」

「好孩子，非常棒！」老者的臉上露出輕鬆的笑容，繼而說：「你為什麼要為一個你不關心又不能付你高薪的公司賣命呢？你不是想賺大錢嗎？寫作，在今天也是個不錯的選擇呀！」

「不，老先生，放棄工作是不可能的，除非我有別的事可做。但是我能做什麼呢？我有什麼能力能讓自己滿意地賺錢和生活呢？」卡耐基問。

老者說：「你的職業應該是能使你感興趣，並發揮才能的。既然寫作很適合你，為什麼不試一試？」

這一句話，讓卡耐基茅塞頓開。那份埋藏在胸中奔湧已久的寫作激情，被老者的幾句話給激活了。

於是，從那天起，卡耐基決定換一種生活。他要當一位受人尊敬、受人愛戴的偉大作家……

一個偶然的機會，卡耐基發現自己所在城市的青年會（YMCA）在招聘一名講授商務技巧的夜大老師。於是他前去應聘，並且被錄用了。

卡耐基的公開演說課程，不僅包括了演說的歷史，還有演說的原理知識。除此之外，他還發明了一種獨特而非常有效的教學方式。

當他第一次為學員上課時，就直接點名讓學員談他們自己，向大家講述他們日常生

活中發生的事。當一個學員說完以後，另一個學員接著站起來說，然後再讓其他學員站起來說。這樣，直到班上每一個學員都發表過簡短的談話。

卡耐基後來說：「在不知道究竟該怎麼辦的情況下，我誤打誤撞，找到了幫助學員克服恐懼的最佳方法。」

從此以後，卡耐基這種鼓勵所有學員共同參與的教學方法，成為激發學員興趣和確保學員出席的最有效方法。雖然這種方法在當時尚無先例，也沒有什麼方法可以評定他這套方法的效果，但它確實奏效了，並且已經在全世界教出了許多更會說話且更有信心的人。

這一哲理的成功，可以從成千上萬名畢業學員寫來的信中得到證明。寫這些信的學員有工廠工人、家庭主婦、政界人士、公司負責人、教師及傳教士，他們的職業遍及了各行各業。

卡耐基於一九五五年11月1日去世，只差幾個星期67歲。追悼會在森林山舉行，被葬在密蘇里州他父母親墓地的附近。

一九五五年11月3日，華盛頓一家報紙刊載了下面這段文字——

「那些憤世嫉俗的人過去常常揣測，如果每個人都接受並且遵照卡耐基的話語去做，那將會成什麼局面？卡耐基先生在星期二去世了，他從來不屑於這些世故者的風涼話。他知道自己所做的事，而且做得極好。他在自己的書中和課程上，努力教導一般人克服無能的感覺，學會如何講話、如何為人處世。

「千百萬人受到他的影響，他的這些哲理如文明一樣古老，如『十誡』一般簡明，對於人們在這個狂亂的年代裡獲得快樂和成就極有幫助。」

第一部

有效率說話的基本原則

I・說話的四種基本態度

所有人的共同願望

一九一二年，《鐵達尼》號沈沒於冰冷的北大西洋。就在這年，我破天荒開辦了「說話教室」講座。至今，從該講座畢業的人數已經多達七十五萬人以上。

在講座開始的前夕，我辦了一次預備集會。在這個集會裡，聽講者有機會表明他們何以要參加「說話教室」的講座？以及期待獲得一些什麼？當然啦！他們的回答各有不同，但絕大多數的回答，幾乎都不謀而合的表示——

一旦被指名在大眾面前說話時，我的自我意識就會高亢起來，以致因恐懼而顫抖，不能集中精神，連帶的也將把自己想說的事情忘得一乾二淨。正因為如此，我想取得自信、平靜，以及踏實的思維能力。我希望能依照論理的秩序來整頓思想，以期在實業及社交的集會裡，能夠以清晰且足以使人信服的力量來交談。

或許你已經聽過了類似的牢騷吧！你曾經體會這種「無力感」嗎？為了學會使人信服的談話術，你捨得耗費一些金錢嗎？我認為你一定捨得，因為閱讀這一本書的事實，正是你關心「有效說話術」的最好證據。

事實所證明的可能性

我相信你一定很想問我──

「卡耐基先生，你認為我可以站在大眾面前──前後一貫、毫不停滯地，把自己想說的話，全部說完嗎？」

我為了協助人們克服憂慮以及培養勇氣與自信，幾乎奉獻了自己全部的生涯，所以如果我想記錄講習班裡所出現的奇蹟的話，非得寫成好幾部書不可。其實我所提出的想法絕非難題，只要你把本書中的指示以及規勸，全部付諸實行，你就可以達到那種境地。關於這一點，我一向深信不疑。

坐著時，可以從容不迫的思考，為何一旦站立於聽眾面前，就無法控制思維呢？

此外，站在聽眾面前說話的時候，何以胃袋裡彷彿有隻蝴蝶在拍翅掙扎呢？為何會全身發抖呢？避免這些症狀的祕訣在哪裡？當然啦！這些症狀都可以治癒，只要憑藉訓練以及練習，就可以使面對聽眾的恐懼症煙消雲散，產生自信。

本書所提供的會幫助你達到目的

不過本書跟充斥於市面的指南之類的書不同，並非針對說話的祕訣列出法則之類，也不是發聲以及發音生理的解說範本。它是以成年人為對象，特地從「有效說話術」中，抽取出來的精華。這些將以「現在的你」為出發點，很自然地把你引導至你希望的目的地。在學習的期間之內，你必需要「協助」也就是說要遵從本書的規勸，一有機會就把它實際的應用。除了這一點以外，只要能夠忍耐，不在中途放棄就行了。

以下所舉出的四個目標，可以使你從本書中引出最大的利益，並且迅速的獲得良好的效果。

1．看看他人的實例，可以產生勇氣

辯論術毫無用處

不論古今中外，都沒有所謂的天才雄辯家。尤其是當所謂的辯論，被當成洗練的藝術，必需很周到的注意修辭法則以及微妙的技巧，想要做為一個雄辯家，實在是太困難了。現在，辯論已經被當成會話的延長，那種依靠嘹亮的聲音以及

醒目外表辯論的時代已經過去了。例如，參加晚餐會、教會的禮拜，或甚至看電視、收聽廣播時，我們最想聽到的是基於一般常識，以及聽眾跟說者都樂於參與的坦率交談。

閱讀學校所使用的交談術教科書之際，很多人都會認為所謂的辯論術，必需經過多年的聲音鍛鍊以及學習困難的修辭以後，方能夠精通，它是一種閉鎖式的特殊技能——其實事實並非如此。

我曾經耗費了很多時間證明一件事，那就是當著眾人面前教他人做——事實上是一件很簡單的事——當然啦！為了達到這個目的，必需遵從簡單而重要的兩、三個法則。

一九一二年，當我首次在紐約市一二五街的青年會召開講座時，由於我對聽講學生一無所知，我第一次採取的教學法，跟我在密蘇里州威廉巴克大學所採取的講解法差不多。不過我很快的就察覺到自己的做法不當，因為我竟然對實業界的成年人，採取了教導大學新生的方式。

那時我猛然察覺到，以名人名家的演說為範本，讓實業界人士模仿他們，實在沒有任何意義，因為聽講者所希求的，乃是能夠在業務的集會中，勇敢而井井有條的展開報告。

是故，我就把教科書扔到窗外，空手站在講台上，單憑兩、三項單純的原理，努力幫助聽講者，直到他們能夠提出對方感到滿意的報告為止。後來，聽講者都不曾在中途退出，並且都努力著想多學一些下判斷的訣竅，結果可謂相當的成功。

如果可能的話，我希望大家可以看到從各地寄來到我辦公室的感謝函。寄出感謝函的人，大多是屢次出現於《紐約時報》的企業界領導者，更有州首長、國會議員、大學的學院院長，以及演藝界的名人；甚至還有家庭主婦、牧師、教師，以及在社會上仍然沒沒無聞的年輕男女、勞動者、大學生，以及職業婦女等等，實在不勝枚舉。這些人都希望自己擁有表現能力以及堅固的自信，而如今，他（她）們都已如願以償，所以撥了一些貴重的時間，寫感謝函給我。

肯特先生的變化

寫到這裡，我突然想起了肯特這個人物。這位仁兄在費城經營的事業非常成功。他在參加我的講座不久以後，招待我吃中飯，在吃飯時，以非常興奮的口吻對我說：「卡耐基先生。不瞞您說，以前每次被人指定發表談話時，我都會藉故開溜。不過，這一次我被推舉為大學理事會的會長，無論如何也推不掉了，看樣子我只好扛起這個責任……像我這種年紀一大把的人，還能夠學習面對大眾的談話術嗎？」

於是，我就對他說，講座裡的一些學員也曾經處於跟他相同的立場，結果在談話術方面都能大有斬獲，所以他當然也能夠照樣做到。

約經過三年以後，我又跟肯特先生在製造業俱樂部共進午餐。當時我發覺，三年前我倆也在此地吃過飯，甚至就坐在相同的餐桌。於是我又提起我倆初次相會的情景，並且詢問他，我的預言是否靈驗？聽了我的話，他微笑著從口袋裡取出一本紅色封面的雜記簿，簿子上面記載著這幾個月之內，他必需出席哪些演講會。

「擁有發表演講的能力，以及這一件事所帶來的喜悅，再加上對社會有更多的貢獻……使得我的人生更充滿了喜悅。」——這是肯特的告白。

但是，叫人驚駭的事情並不止於此，肯特還很驕傲的告訴了我一件事——據他透露，肯特所屬的教會團體，將於費城召開大會之際，邀請英國首相到場演說。教會的人們為了向聽眾介紹首次蒞臨美國的這位著名政治家，便指定由肯特擔任司儀。

實在令人料想不到，三年前，還曾向我詢問他是否能成功地在大眾面前談話的人，如今卻能口若懸河，到各地演講！

戰勝演說恐懼症

以下我要舉出另外一個例子。

格特利基公司的董事長德比，有一天來找我，他說：

「有生以來，我一直克服不了演說恐懼症。最糟的是，現在我必需以董事會會長的身分，擔任會議的議長。董事會的人員交往了多年，彼此都很熟悉，所以大家圍繞著桌子的當兒，能夠毫無拘束的暢所欲言。但是，當我站起來想要發表談話時，口舌卻會變的麻木，以致連一句話也說不上來。長年以來，我都是在這種情況下度過。我想您也幫不了忙吧？因為這已經變成一種慢性的病症了。」

於是，我告訴他說：「既然已經無可救藥，那你又來此地做什麼呢？」

他的回答是：

「我的理由只有一個。為了管理我個人的事務，我僱用了一名會計師，而這個會計師可真是內向得離了譜。進入他的辦公室之前，得先經過我的辦公室。幾年來，每當經過我的辦公室時，他總是兩眼盯著地板，一言不發地走過去。

「而想不到的是，他最近跨入我辦公室時，卻都是抬頭挺胸，兩眼神采飛揚，並以充滿自信的聲調對我說：『早安！德比先生。』因為他一下子變得太多，使我嚇了一大跳，於是我就問他是誰把他改造成目前的樣子？經我如此一問，他就告訴我，他是在您的講座接受講習……這也就是我來拜訪您的唯一原因。我實在想不透，那個內向的傢伙為何能全面的改變了？」

我告訴德比，只要按時出席我的講座，依照我的指導去做，在兩、三個星期之內，就可以在聽眾面前說話。

「如果真是這樣的話，看來我不久就可以加入幸福者的行列了。」德比聽了，感到非常的高興的說著。

後來德比參加了講座，並且獲得了令人刮目相看的進步。三個月後，我到阿斯達飯店的舞蹈室，出席三千人的集會時，要求德比把我們訓練的結果公開發表，但很遺憾的，那一天德比已有預約，所以不能出席。

翌日，德比打電話給我：「昨天很對不起。我已經把預約取消了，我準備按照您的意思上台演講，因為我有這樣做的義務。我要向聽眾說明這次訓練把我改變了多少，藉以鼓勵聽眾也像我一般，勇於克服演說時的恐懼症！」

當時，我要求德比至少演講兩分鐘，但事實上，他卻面對著三千名聽眾，持續演講了十一分鐘。

我的講座前前後後發生了好幾千次的奇蹟。我親眼目睹參加這種訓練的男女，彷彿變成另外一個人似的，在事業、學業以及人際關係方面，獲得了他們往日夢想的成就。有些人甚至是以一次合宜的演說，獲得了很大的成就。

現在，我要舉出一個例子，那就是馬利奧・拉索的成就。

三個星期的碩果

在好幾年以前，我在沒有任何的預兆之下，收到了一通從古巴發出的奇妙電報——

「如果方便的話，我要到您那兒練習演說。」

寄件人為馬利歐·拉索。他到底是誰呀？我一點印象也沒有。

到達紐約後，馬利歐就向我說明：

「最近，我們將於香蕉鄉村俱樂部，為創辦者慶祝五十歲的大壽。在席間，我要送給壽星一個銀盃，並且在當夜的壓軸節目裡進行演說。我雖然是一名律師，但是想到要在大眾面前演說，渾身都會發抖，因為一旦失敗的話，將會影響到我在社會上的形象，妻子也會抬不起頭來，甚至還可能左右到我的工作發展呢！所以為了求得您的協助，我特地從千里外的古巴趕來。不過，我只能停留三個星期。」

在那三個星期裡，我讓馬利歐不停的轉班，一個晚上讓他練習演講兩、三遍。

三個星期後，他果然在香蕉鄉下俱樂部進行了演講。美國的《時代》雜誌特別在海外消息欄，報導了這一則新聞，介紹並且讚揚馬利歐·拉索是個「具有三寸不爛之舌的雄辯家！」你不認為這就像一件奇蹟嗎？是的，這就是一件奇蹟，是一項克服恐懼的二十世紀奇蹟。

2・向目標注目

你必定能夠成為領導者

以上的例子，乃是肯特獲得了在聽眾面前演說的能力的經過。肯特的成功，歸因於他能遵從我們的指導，並且忠實地做完我們所規定的課題。他為什麼肯那樣做呢？我相信這乃是因為他把自己投影於未來，再反過來不斷的努力，把投影出的自己當成事實的原故。你不妨也可以學習肯特的做法。

你不妨想想看，獲得充滿自信以及有效果的談話方式，對你有著何種意義？

就以社交方面來說，它所意味的是一種嶄新的交友關係。就市民而言，它意味著社會活動的提高，而對教會的一員來說，則可提高其貢獻的能力……一言蔽之，它能夠發揮一種跳板的作用，使你飛躍到指導者的地位。

NCR的董事長亞林，投了一篇題目為「事業分野的演說與領導」的稿件到季刊雜誌《演說訣竅》。在該稿件裡他如此的敘述道——

「回顧我們事業的歷史，透過演講的成功而步上青雲的人物並不在少數。記得在很多年前，堪薩斯州分公司的某管理員，就是憑著獨樹一格的演說而引人注目。如今，他已經升格為我們公司的銷售部副總。」

我也知道這位副總後來又晉升為NCR的總經理。

踏實的說話能力，將帶給你意想不到的好處。我們講座的畢業生之一，也就是美國薩波公司的老闆亨利・布拉克斯頓，就曾經表示：

「能夠跟他人有效率地溝通意見，並且獲得他人的合作者，將被考慮作為領導者的接班人。」

談話的魅力

你不妨想像如下的情形——你在合適的時機裡站起來，以充滿自信的態度，憑自己的想法以及感情，牢牢地抓住聽眾……這時，你一定會體會到空前的滿足感。我前後已經旅行了世界幾次，但是始終不曾碰過比抓住聽眾更為動人的喜悅。我的一個學生就曾經如此表示：

「每次將要開始的兩分鐘前，我總覺得站起來講話，比遭受鞭打還難受。不過，到了將要結束的前兩分鐘，我都會痛感到與其叫我停止講話，我寧願被槍斃。」

你不妨描繪一下自己站在聽眾前面的情形——你充滿自信的走上演講台，在噓聲四起之下開始演講，但是隨著你逐漸的抓到聽眾的「癢處」，他們就會傾耳靜聽，台下鴉雀無聲；演講完畢，在一片喝采聲中，走下講台，待集會結束以後，一些聽眾會向你打

招呼，說出他們產生共鳴的感想……這絕對不是謊言，在這一連串的過程中，的確包含著令人難以抗拒的魅力，以及無法忘懷的刺激感。

哈佛大學著名的心理學教授威廉・詹姆斯，曾經發表一篇能予讀者深刻影響的文章。全文如下——

「不管是任何階層，能成為頂尖人物，必然有著對目標鍥而不捨的熱情。只要對某種目標切實的去求取，便可以確實的得到結果。如果你想成為善人，一定可以成為善人；想成為富翁的話，也一定可以成為富翁。不過，除了目標以外，那些跟目標對立的事情，也必需以強烈的意志將它們放棄，以便一心一意的朝著目標走去。」

使「自我意識過度」獲得解放

學習有效率的對多數人說話，不僅能夠加強演說的能力而已，就算畢生不從事一次演說，從這種訓練亦可獲得很多利益。例如，訓練自己在大眾面前說話，便是培養自信的最好捷徑，因為既然面對多數的人，能夠說得有聲有色，那麼在面對一個人談話的時候，就更能夠充滿自信。

參加我舉辦的「說話教室」講座的學員之中，有很多人是一心想擺脫內向以及自我意識過度的缺點，以便能夠從容的參加社交方面的集會。諸如這一類人，一旦獲知自己也能夠在同班伙伴前面站起來說話時，就會頓悟到所謂的「自我意識過度」，乃是一件很可笑的事情，這個極大的轉變，常使得這些演講者的家族、友人、同事甚至顧客等大感驚訝。甚至聽講人裡面，也有不少像德比一般，因為看了周圍的人得到很有效的性格轉變，以致在感動之餘，也參加了我們的講座。

憑藥物不可能得到效果

此種訓練給予性格的各種影響，其效果並不一定會立即顯現於表面。以前，我曾經請教過大西洋城的一位外科醫生，亦是全美醫學協會的會長阿爾曼博士，有關「當眾演說」的訓練能夠帶給身心何種幫助？阿爾曼博士微笑的回答我：「關於你的問題，適合用處方箋的方式來答覆。」

阿爾曼博士寫了如下的處方——

「儘量使人能夠窺見你的內心：以一對一的方式，或者在團體以及公眾前面，盡力的使他人能夠理解你的想法。隨著這種能力的增高，你就會察覺到，你——真正的你，已經能給予他人強烈的印象及衝擊，而這是以前所沒有的現象。」

他解釋：「遵照這種處方做下去，必定能夠獲得下列兩種雙重的利益。也就是說，學習對他人說話的技巧，不僅能提高自信，亦能夠提高整個人格的包容力以及資質，因為當情緒方面有了好的轉機之後，肉體方面也會轉為快適。

當眾演說不分男女老幼，對每個人都有極大的益處。至於它會帶給職業以及事業何種利益？我無法直接知道，只聽說過效果非常的宏大。至於它為健康所帶來的功德，我都是很清楚。我奉勸大家，不管對方人數的多寡，只要一有機會，就當眾說話吧！因為累積了經驗以後，你就能夠說得更好。甚至，你還會感受到某種精神的昂揚——以自己的圓滿週到而沾沾自喜。這是一種相當愉快的體驗，任何藥物都無法使你獲得此種效果。」

在此，你不妨想想威廉・詹姆斯說過的一句話：

「只要你確實有求取某種結果的心，你一定能確實的獲得這種結果。」

3．確信自己必能成功

人生是可以改變的

某一個廣播節目的主持人，要求我以三句話，說明我學得的最大教訓。以下就是我的答覆——

「目前為止我得到的最大教訓，就是思想之重要性。這就像只要告訴我某人在想些什麼，我就可以猜測出他是何種人物一樣。因為決定一個人存在價值的因素，不外是這個人的思想，所以我們可以憑藉改變思想的方式，來改變自己的人生。」

你應該充滿自信，把目標放置於能夠有效地傳達自己意思的那一面，並且從今起，你非得以積極的眼光去看它不可。為了努力的學習在他人面前說話的技巧，你必需養成明快而樂觀的想法，同時在言行舉止之間，表達開發這種能力的決心。

只要有心學習就會成功

為了使談話富於表現力，當你決定以某種課題做為談話的中心時，就非得有鞏固的決意不可。

以下就是極富戲劇性的一個例子——這個故事的主角，曾經爬到事業經營者的最巔峰，幹下了轟轟烈烈的一番事業，後人甚至為他建立了紀念碑。

當他在大學時候，第一次想面對著大眾說話時，竟然舌頭打了結，不能成語，教授規定的五分鐘演說，他只能勉強支撐一半，最後不得不臉色蒼白，眼含淚光，有如被追趕似的下了講台。

但是這個人物並沒有因為學生時代的慘痛經驗而感到灰心，他決心要變成一個話鋒銳利的人。是故，在成為政府的經濟顧問以前，他就貫徹了自己的決意。

這個人名叫拉倫斯‧蘭道夫，他在思想豐富的著作《自由之信仰》裡，針對公眾演說，作了如此的敘述——

> 這些年來，在製造業者協會、實業界集會、募捐運動，以及學校同學會等場合的演說，所受頒的勳章，已經足以淹沒我的衣袖。在第一次世界大戰時，我曾到密西根州的易斯卡那巴，大談愛國的論調。為了慈善運動，我也曾跟受歡迎的影星蓋‧隆尼相處；參加教育運動時，則曾陪著哈佛大學校長傑姆斯先生巡迴於各地演說，當時我甚至使用不靈光的法語，在晚餐會致詞呢！

對於聽眾想聽一些什麼話，以及如何表達出這些話，我都有某種程度的了解。其實，對於企業界的管理級人物來說，只要有心學習，沒有一件事是學不來的……

我很贊成蘭道夫的說法，成功的意志乃是成為有效率的談話者必備的因素。這也就是如果我能看到你的內心，判定你熱心的強度、思考的明暗面的話，我就可以極為正確的預言你改良傳達意思的技術之程度。

願望・持續性・自信

我在美國中西部舉行講座的第一夜，一個男子站起來說：「我是建築業者，生平最大的希望就是成為全美建築業協會的發言人。」他的名字叫喬・赫巴迪克。他在國內旅行時，最喜歡與人談論有關建築的工作，以及相關的問題、業績等，講師也頗以他為傲。

他對這些問題極為熱中，不止談論地方性的問題，也很注重全國性的問題，就算是碰到一年中建築業最繁忙的時期，他也會認真的對自己將要碰到的話題，徹底的調查其內容，刻意的練習，從來就不曾缺席。一個優秀聽講生應做的事情，他都做過了，以致進步的速度連他自己也感到驚訝。兩個月以後，他就變成班上最優秀的學生之一，最後還被選為班長。

他的講師在一年後搬到維吉尼亞州的諾福克居住。這位講師表示：

「我老早就忘了喬・赫巴迪克這個人，可是有一天，我在吃早餐時翻開報紙，赫然看到他的照片，以及一篇有關他的報導。原來，他在前夜出席了建築業者大集會，並且發表了演說，如今他的頭銜已不是美國建築業協會的發言人，而是該協會的會長呢！」

所以，想要在這個課題方面獲得成功，必需專心一志的努力下去。為此，熱切的期望必需近乎狂熱，持續性必需有如「愚公移山」一般；此外，還得加上對成功堅定不疑的自信才行。

當凱撒率領軍團渡海，登陸現在的英國時，為了使他們的征途確實的成功，他讓軍隊停留於多巴的山崖上面，在兵士們眾目睽睽之下，放了一把火，把停泊於海上的軍艦全部焚燒得一乾二淨，使兵士們在身處敵境之下，失去了與歐陸最後的連繫，演變成背水一戰的局面。於是，兵士們已沒有退路，為了活命，只好一直前進，不斷的展開征服的行動……這也就是宣告凱撒的必勝決心。

為了戰勝面對聽眾時的恐懼心理，你不妨學習「背水一戰」的做法，將那些消極念頭，全部付之一炬，甚至可以把優柔寡斷的逃避思想，完全的關閉起來。

4・抓住所有練習的機會

學游泳非下水不可

隨著歲月的推移，在第一次世界大戰以前，我在紐約的一二五街講授的課程內容，幾乎被我修改得面目全非。因為每年都有新的構想被編入講義，所以陳舊的教材自然就被淘汰掉了。

不過，課程中仍然保有永遠不變的鐵則，就是不管是哪一班的人員，都至少必需站在同學面前演說一次（絕大多數是兩次），為什麼呢？道理就跟學習游泳必需泡在水裡相同，除非真的在眾人面前說話，否則根本就不可能學到在眾人面前說話的技巧，即使你讀破了包括本書在內的涉及辯論術方面的書籍，你也不見得能夠巧妙而有效的說話。

以入門書來說，本書堪稱完整，但是如果不把它記載的事情付諸實行的話，那就沒有任何的意義。

當喬治・白蘭休被詢問如何以聽眾為對象，說出那種很富於說服力的話時，他如此的回答：「那種要領就跟溜冰相同呀！不管跌幾次、不管別人如何的譏笑我，我仍然不

氣餒的練習下去。」

年輕時的白蘭休，乃是倫敦城裡最內向的男人之一，不管訪問什麼人，他都不敢毅然的去敲對方的門，總是在泰晤士河堤走來又走去。

「內向的性格使我感到痛苦，老是覺得害臊……像我這樣的人，相信世上沒幾個。」——他如此的告白。

不過，為了克服自己的內向、膽小以及恐懼，他採取了最易見效的方法，那就是他決心要把自己的弱點轉變為最有力的武器。他參加了倫敦市內所有公開討論的集會，並且站起來發表言論。他傾心於社會主義運動，隨著信奉這個主義的團體到處演講。經過了如此磨練以後，白蘭休把自己改造成二十世紀前半，充滿了自信與才氣的演說家。

抓住時機練習說話

到處都有說話的機會，你不妨參加某種組織，主動的擔任必需多說話的任務，即使是對某項動議表明贊成也行，反正多在公開的場合上主張自己的看法就對了，就算是部門的會議也不要退縮，只要有意見就說出來。

到安息日學校教書也是好辦法。做一名童子軍指導者也很不錯，只要有機會參加任何團體，就積極的參加吧！只要你仔細的觀察四周，你就可以發現，不管是商業活動、社會活動，政治活動，甚至業務活動、敦親睦鄰等日常瑣事，都能夠提供你踏前一步發表意見的機會，如果你不抓住機會實際的練習說話，又怎能知道自己的進步有多少呢？

冒險能夠改變你

「您所說的事情我都能夠了解，不過，一旦我面臨所謂學習的苦差事時，我就會開始退縮。」一位年輕的企業家曾經如此對我說。

對於他的疑問，我如此回答：

「什麼？你說學習是苦差事？你最好放棄這個念頭。學習是一種向上心，你必需戰勝學習是苦差事的想法。」

「那我該怎麼做呢？」對方反問我。

「你必需具有不怕艱難的冒險精神。你可以透過在公眾面前說話的方式，或者藉著軟化自己的人格，走上成功之路。」

「那……我就試試看！」年輕人終於點了點頭說：「我會放大膽子去冒險！」

閱讀本書，又能把它的原理實際應用，你將會跳進一個冒險的世界。只要進入冒險的世界，你就會察覺到真正支持你的東西，乃是引導著你的力量以及直覺。是故，你將不難領會，不管是內在或者外面，只有冒險這一件事情，方能改變你自己。

2・培養自信的四種技術

說話是與恐懼的格鬥

「那已經是五年前的事了，卡耐基先生。那時，我曾經到您公開講課的飯店，不過當我走到會場的大門前時，不禁停止了腳步，想到如果我走進室內，參加講座的話，遲早都得站起來演講，所以正因為如此，我的手好像凍結了一般，無法旋轉門把，很快的轉身，走出了飯店。如果在那時，我知道你能讓我克服恐懼，站在聽眾面前不至於因恐懼而麻痺、無力的話，我就不會浪費這五年了。現在想起來，真是悔不當初。」

做出這項告白的人，並非隔著桌子跟我對話，而是面對著兩百多個聽眾侃侃而談，那也是紐約市講座的一次畢業演說。隨著演講的進行，我對他的沈著與自信留下了很深刻的印象，知道如今又有一個人憑藉獲得的表現力以及莫大的自信，更進一步地成就了身為經營者的手腕。身為教師的我，知道他已克服了恐懼以後，一面替他高興一面又惋惜著，如果他早五年戰勝恐懼的話，豈不是更為完美？而且或許他會比現在更幸福。

愛默生說：

「所謂的恐懼，比起這個世界的任何東西，更能使多數人敗北。」

關於這一句話的深刻含意，我老早就體會到了，不過當我剛開始辦理這個講座時，並沒有想到這種訓練也能夠很有效的克服恐懼與自卑感。那時我只知道，學習在眾人面前說話，能夠克服自我意識，同時也是建立勇氣與自信的合理手段，因為在眾人面前說話時，我們就會開始跟恐懼格鬥。

多年來，我在教人面對眾人說話的期間，發現了幾個訣竅，能夠使你在幾週的練習後，很快的克服演講恐懼症，並且有助於培養自信。

1．承認恐懼的事實

〔第一個事實〕 害怕在眾人面前說話的人並非只有你一個

根據各大學的調查，修習「有效說話術」這門課程的學生，約有80～90％當初均為演講恐懼症所苦，而且每逢我召開講座時，在成年人聽講者中，這方面的數字更幾乎達

到百分之百。

〔第二個事實〕　某種程度的「演講恐懼症」反而有益處

其實，恐懼是我們面臨環境異常的挑戰時，很自然的一種心理準備而已。當你意識到心臟跳動加速，上氣不接下氣時，並不必煩惱，因為這是你對外界刺激感到敏感的身體，正要準備開始活動罷了，等到生理方面的準備適度地被調整以後，你就能夠以平常的狀態，敏捷的活用頭腦，作更為適當的演說。

〔第三個事實〕　即使是演講專家，也無法消除「演講恐懼症」

即使是專家，在開始演講以前，幾乎也無法避免「演講恐懼症」。有時，就算已經開始演講，也仍然得花一段時間作練習，因為要成為一匹賽馬而非駄馬，誰都得付出代價。至於那些老是誇口自己有如流水一般冷靜的人，通常都是遲鈍而同時缺乏對聽眾的感化力。

〔第四個事實〕　害怕演講的主要理由，只表示還不習慣在他人面前說話而已

在《精神的形成》這本著作裡，羅賓遜教授說：

「所謂的恐懼症，乃是無知與不安的新生兒。」

對大多數的人來說，所謂的演說，乃是一種未知的經驗，正因為如此，方才會感到不安與恐懼。對於初次登台演說的人，總是把演說看成比開車或者打網球更為複雜的一件事情，甚至把它看成是許多未知條件的組合。

為了把這種恐懼的狀態簡單化以及容易化，只有練習，練習，再加上練習。恰有如成千成萬的前輩所經驗過的一般，必需實際在大眾面前談話，如此累積了幾度成功的經驗以後，方能把這種痛苦改變成快樂的經驗。

悲劇式的爆笑

著名的演講家及心理學家亞伯特・愛德華・威坎克服恐懼的經過，每逢閱讀以後，都能給我很大的激勵。亞伯特在高中時代，一想起必需起立背誦五分鐘的文章時，臉孔上就充滿了恐懼之色——

「隨著背誦日子的接近，我的憂鬱明顯的加深。一旦想起那種恐懼的磨練，我的頭部就會充血，面頰變成火熱，因此我跑到校舍裡，把面頰貼在冰冷的紅磚牆壁，試圖消除充血，甚至進入大學以後，那種毛病仍然存在。

「有一天，我把必需背誦的文章前幾句『亞當跟傑弗遜已不在這個世上……』背得很熟，但是站在聽眾面前時，頭部感到暈眩，甚至不知道自己身處何方。我使出了吃奶的力氣，勉強說出了開頭的一句，但是那一句已經變成了『亞當與傑弗遜

都死掉了。』

「不管再怎麼焦急也沒有用，我就是只能背出這一句，而且還背錯。在一籌莫展之下，我只得匆匆地行了一個禮……在同學們哇啦哇啦的亂叫聲中，全身僵硬的回到自己的座位。

「這時，校長站起來說：『亞伯特同學說出了悲哀的消息，教人感到又震驚又難過。不過，我們會盡可能的抑住悲哀……』校長說完後，全場爆出了一陣哄笑，我羞愧得抬不起頭來，覺得死去還比忍受羞愧要好得多了。這以後的幾天，我的心情一直非常的陰鬱。那時，我做夢也不曾想到，我會變成一個演說家。」

大學畢業後一年，亞伯特居住於鄧伯市。一八九六年的政治紛爭，針對著白銀的自由鑄造法到達最高潮。支持白銀自由鑄造法的黨派出了一本小冊子，亞伯特閱讀了這本小冊子後，對於布萊安與其追隨者的錯誤以及不實踐諾言感到激憤，於是典當了時鐘充當旅費，回到故鄉印第安納州。

回到故鄉以後，亞伯特聲稱他要針對健全的貨幣問題舉行演說。那時，學校時代的同學有很多都在場作聽眾。亞伯特回憶那段經過——

「剛開始演說時，我想起了在大學時代的演說『亞當與傑弗遜』，以致我的喉嚨好像哽住了，顯得有些口吃，好像把一切都忘掉了。所幸，聽眾與我都越過了最初的難關。於是我受到了這個小小的鼓舞，渾然忘我地一連串講了十五分鐘。後來我更驚訝地察覺到，原來我整整講了一個半小時……

「這一次是一個轉機，因為在接下來的幾年之內，我竟然變成了職業演說家。對於這個事實感到最震驚的，就是我本人。

「如今，最能夠體會到威廉·詹姆斯所說的那一句話——『習慣便能成功』的含意。」

亞伯特認為克服在大眾面前談話的恐懼，最有效最確實的方法，莫過於累積成功的經驗。

少許的恐懼反而有益

你必需要覺悟，想在大眾面前談話，就自然得附帶某種程度的恐懼。其責如果只是輕微演講恐懼症的話，你不妨把它反過來利用。

就算演講恐懼症非常嚴重，妨礙到你頭腦的運轉，使你的言談喪失流暢，使你的臉

部肌肉僵硬，影響到你的說服力，你仍舊不可以失望。因為，對初次演講的人來說，這種症狀是免不了的，只要你肯努力，恐懼的程度就會逐漸的減輕。到頭來，它不會再是一種障礙，反而對你的演講能力有所助益！

2・必需有適當的準備

漫無目的的演說，只能帶來悲慘的結果

幾年以前，在紐約企業家俱樂部的午餐會裡，一位著名的政府高級官員，公開被指名要他報告有關他管轄機關的動態。

很明顯的，他不曾預料到自己得站起來演說。剛開始時，他漫無目的地進行演說，待這種嘗試失敗以後，他就從口袋裡摸出了一堆備忘錄，然而那些所謂的備忘錄，恰有如貨車上滿載的鐵屑一般，雜亂而無章。剛開始時，他一直在翻動那些紙片，誰知隨著時間的消逝，越翻越混亂，以致無法抓到要領。時間一分一秒的過去，他越發感到六神無主、困惑叢生。於是，說起話來也結結巴巴、錯誤百出，他頻頻的用一隻顫抖的手端起一杯茶水潤喉，試圖從備忘錄中引出一些話題……這一切正是因為他沒有任何準備，所以才陷入了恐懼的深淵，實在悲慘。

不久以後，他就匆匆的坐下來了。憑良心說，我不曾看到像他一般，失盡了面子的演說者。他的談話方式恰如盧梭所教的——書寫情書的方式。換句話說，他在不知該說些「什麼」之下開始，也在不知說了些什麼之下莫名其妙的結束。

準備比資歷更重要

自從一九一二年以來，每年我都要對五千次的演說作評審的工作。基於這種經驗，我得到了一個寶貴的教訓，那就是「只有準備周到的演說者，才有資格擁有自信」。在不完全的武裝之下，或者在不攜帶彈藥之下進入戰場的話，焉能粉碎所謂「恐懼」的城牆呢？

林肯也說過：

「不管累積了多久的資歷，如果不作準備的話，怎能夠不慌不忙地演說呢？」

如果想培育自信，就必需把從容不迫的演說方式付諸實行。使徒約翰如此寫著：「完整的愛能夠使恐懼讓步。」完整的準備亦復如此。丹尼爾・威夫斯達也說過：「在沒有完整準備之下站在聽眾面前，等於是半裸著身體出現在觀眾面前。」

一、不必把演說的內容背起來

我剛才說必需做「完整的準備」，但是這並非意味著必需把整篇演講稿背下來。為

了避免在聽眾面前失態，大多數的演說者都會陷入所謂「背誦」的陷阱。其實，一旦養成了這種惡習，不僅必需多浪費時間，而且會被所謂的準備法則所困囿，以致破壞演講的效果。

背誦演講稿容易忘記

美國演說界前輩卡爾登波恩在哈佛求學的時期，曾經參加辯論大會。當時，他準備使用一篇題名為《各位，國王陛下出遊了》的短篇小說。為此，他把該篇小說的每一句每一語都背誦下來，並且在事前練習了好幾百遍。誰知到了大會那天，當他把題目「國王陛下出遊」唸出來以後，頭腦裡都突然變成空盪盪的。那時他感到愕然，於是便在無可奈何之下，放棄了背誦的文句，用自己的方式，敘述出整篇故事。待演講完畢，審查員頒給他一等獎時，他還嚇了一大跳！

從那一天開始，卡爾登波恩不僅不閱讀原稿，也不背誦演講詞，只做下一些記錄，在沒有原稿的情況之下，很自然的對著聽眾說話，這也正是他在廣播界成功的祕訣。把演講內容全部寫出來再背誦，不僅浪費時間以及精力，甚至會有不良的後果。

在一生之中，我們大都是在無意識之下說話，始終不曾把要說的話兒，一句一句地考慮及思量。同樣的道理，只要主旨明瞭，言語將有如我們呼吸的空氣一般，很自然地在無意識之中運用出來。

就連大名鼎鼎的邱吉爾，為了學取這種教訓，也體驗過一次非常尷尬的演說。

在年輕時代，邱吉爾都是寫下演講稿，再把它背誦起來。有一天，當邱吉爾在議會的講壇上背誦小說時，突然喪失記憶，再也背不出一句話來。他感到慌張、一籌莫展，即使把最後的那一句話重複一次，也仍然無法繼續下去。他滿臉通紅……於是，他只好低著頭坐下來。就從那一天開始，邱吉爾再也不背誦他的演講稿了。

避免機械式的說法

縱然已經將演講稿逐字逐句的背誦下來，一旦站在聽眾面前時，有時也會忘記，就算沒有忘記，那些話也會變成機械式的，因為那些話是從記憶裡出來的，而並非從心裡出來。

當我們跟別人交談時，通常不會去留意言詞，只會一味的把想到的事情直接由嘴巴說出來，所以既然如此又何必硬要改變它呢？如果把要說的話先寫出來，再背下來的話，將很可能會遭遇到跟潘斯・布修尼相同的經驗。

從演講台墜下的副總

潘斯畢業於巴黎的美術學校，後來又成為伊克伊塔布保險公司的副總。幾年以前，美國保險界在維吉尼亞州懷特・沙爾法召開集會時，大家都要求他在兩千名業務員（代表美國全境的所有分公司）面前演說。當時，他進入保險界還不足兩年，既然如此受到重視，於是他被要求作二十分鐘的演說。

潘斯很高興的答應，他認為這是提高自己聲望的絕佳機會。於是，他寫了一篇演講稿，並且把它背下來，而且還站在鏡子前面練習了四十遍。他要求十全十美，因此對自己的言語、手勢、表情都仔細的研究了一番。到了第四十遍時，他認為已經有百分之百的把握了。

不過，當他站在講台上時，立刻遭到恐懼的襲擊。「在這個集會裡，我的任務是……」只說到此地，他就想不出接下來的句子了。他慌張起來，倒退了兩步，計劃從頭再來……仍然不行。於是再接再厲，又倒退了兩步，再從頭來。

他把相同的動作重複了三次。講台有四呎高，後面沒有扶手，而且講台與後面的牆壁之間只有五呎的空間，於是等他第四次倒退時，他便一骨碌從講台上跌了下去，不見了蹤影了……

聽眾掀起了一陣哄笑，甚至有一個人還笑得跌在通道上面，因為伊克伊塔布保險公司有史以來，還不曾有人上台表演這種「絕招」。更糟糕的是，聽眾都以為那是想博得一采，才故意如此安排的。時到今日，該保險公司的老職員偶爾還會提起這件糗事。

那麼，潘斯本人又有何感想呢？他說，有生以來不曾出過那麼大的醜，所以那時他感到羞愧難當，甚至提出了辭職的要求。

保險公司的老闆們說服潘斯撕掉辭職書。正因為如此，他又恢復了自信，後來還成為公司裡的雄辯者。不過，這以後他再也不背演講稿了。

「他山之石可以攻錯」，你不妨參考潘斯的經驗。

與其重視統一性，不如重視人性

到目前為止，我已經看過了很多背誦演講稿的例子。每當碰到這種情況時，我都會想，如果放棄那些背誦行為的話，一定更能夠有效的發表演講，時也一定更能感動聽眾。

或許停止背誦的話，很可能會忘掉幾個要點，甚至會使你的演講缺乏統一性，但是卻至少能讓聽眾覺得演講的人是活生生的一個人。

林肯如此說過：「我不喜歡聽刻板式的說教，我寧願聽興奮，有如在與一大群蜜蜂格鬥的人的演講。」

二、預先把思想整頓好

那麼，為了適切地準備演講，應該如何著手呢？答案相當的簡單。你不妨在過去的經驗中，尋找一些對人生比較有意義的教訓，再基於這種教訓，整頓出你的思路，以及你的信念。所謂真正的準備，乃是指好好思考你想演說的話題，並把你的思路整頓好。

幾年以前，卻爾斯・布勞恩博士在耶魯大學舉行的演講中，就如此的說道：「你們就把那些思想全部寫出來吧！但是因為目的無非是要使思路清晰而已，所以只要寫下寥寥數語就行了。把它們書寫於紙片上面，等到整理題材時沒有脈絡可尋，就可以憑寫在紙片上面的東西，很容易的把它們系統化。」

這並不是一件很困難的作業，不過需要一段時間集中精神作有目的的思考。

三、以朋友為對象預先練習

待演說的內容確定，並且建立了次序之後，再下來就是練習了。以下，我就要介紹又容易又有效果，不容易弄錯的方法。那就是把演說的話題，應用到你跟朋友（或者同事）的日常會話裡面。

例如，跟他們一塊吃中飯時，不妨如此說：「我說喬治啊，我有個很奇妙的經驗，你要不要聽聽？」然後，當喬治在聽你說話時，你就得好好的觀察他的反應，並且注意聽他的應答。因為，他可能可以提供你寶貴的意見及有趣的想法。當然，他絕對意想不到你是在練習演說，所以一定會很愉快的跟你交談。

著名的歷史家亞蘭・魯賓斯也給作家們相同的忠告：

「當你想以某一個主題寫東西時，不妨找尋對這個主題有興趣的朋友，再與他談論你對這個主題的看法。只要你這樣做，你很可能會找到自己遺漏掉的看法，以及忽略掉的論點，甚至還可以找出更適合於主題的表現方法呢！」

3．必需堅信你會成功

只要有說話的機會，就必需好好的抓住它，把它們變成能使你成功的寶貴經驗。為了達成這個目的，有三個方法。

一、把自己投入主題裡面

選擇演說的主題，再根據計畫整理，接著以友人為對象，預先練習演說。然而，準備工作並非如此就算完畢，你還必需要領會自己將要演講的主題之重要性。換句話說，必需有如偉大的歷史人物一般，把自己動機的信念運用自如。

必需如何的著手，方能夠使你信念的火焰，在你的演說中燃燒呢？為了達到這個目的，你必需探測主題的每一個層面，再抓住更深一層的意義，研究如何著手，方能夠使

聽眾樂於聽你的演講。你不妨針對這些問題，好好地自問自答一番。

二、停止否定性的想像，以免自信受挫

所謂否定性的想像，就是指還沒有開始演講時，就預想自己很可能在演說途中犯了文法方面的錯誤，或說到一半時再也接不下去等現象。

在輪到你演講以前，不妨傾聽其他演說者的說詞，把全部的注意力集中於這方面，如此就不至於造成「演講恐懼症」。

三、自己勉勵自己

撇開那些熱中於大目的，把一生奉獻給它的人不說，通常每一個人都會對自己想說的主題，產生或多或少的疑問，而往往會自問主題是否適合於自己？聽眾是否會有興趣等等。一旦如此，更會感到「茫茫然」，甚至想改變話題。

當想法太過消極到幾乎快要喪失自信的時候，你就不妨「自己跟自己說話」，藉此勉勵自己，亦即以明瞭而直搗核心的言語對自己說——那些你要說出來的話，乃是基於你本身的經驗，以及你對人生的想法而產生的，當然最適合你不過了。同時，再勉勵自

己，有資格面對聽眾說那些話的人，非你莫屬。在這種情形之下，你當然會傾出全力，儘量做得盡善盡美。

或許，你會認為這種做法未免太老套，然而即使是現代的實驗心理學者，還是認為縱然是擬態，但是基於自我暗示的動機建立，仍舊是速學的強力刺激劑之一，而且如果它又是紮根於真實的刺激的話，其效果將更為宏大。

4．以十足的自信行動

假裝的效用

美國著名的心理學者威廉。詹姆斯教授如此寫道——

「行動看起來似乎是受到感情的左右。實際上，行動與感情是平行的兩件事情。感情不像行動一樣，直接地受到意志的支配，但是只要嚴律自己的行動，就可以間接的規制感情。

「基於這種原理，當你失去了自然的爽朗時，恢復快活的最佳方式，就是驅策自己站立起來，在行動方面裝成很快活，又以快活的聲調說話。如果這樣還是不能

使你快樂起來的話，再試別的方法也是白費心機……

「是故，欲使別人感覺你是勇者的話，你就必需有如同勇者一般的行動。為此，你必需卯足你全部的意志力。如此做的話，想變成勇者的熱情，將能替代恐懼心理的發作。」

你不妨應用詹姆斯教授的忠告吧！

為了培育站在聽眾面前的勇氣，你的行動就必需顯示出這種勇氣。當然啦，如果你不作準備的話，再怎麼行動也沒有意義。不過，一旦你對自己想說些什麼已經胸有成竹的話，那就不妨在踏出第一步前，做三十秒鐘的深呼吸。只要吸入足夠的氧氣，你就會萌生出勇氣。偉大的歌手強多烈凱曾說：「只要吸入大量的氧氣（多到彷彿能夠坐在它上面），精神的不安就會消除殆盡。」

站直，看著台下的聽眾，彷彿是借錢給他們每一個人似的，充滿了自信的開始演講；或者把聽眾想像成哀求延期還債的人——這對心理方面極具效果。

如果你懷疑這個哲理不管用的話，那麼你不妨抓住一個參加我的講座的學生（比你更有經驗的人），跟他交談兩、三分鐘。如此一來，你一定會改變想法。在此，你不妨聽聽一位永久象徵著勇氣的美國人所講的話。

克服了膽怯的總結

在往日，他是一個世上罕見的膽小鬼，但是經過練習而有了自信心之後，他卻搖身一變為最大膽的一個人。這個人就是具有充分自信，能夠震撼聽眾的心，發揮出無比政治力量的美國總統羅斯福。

他在自傳裡面提到——

「少年時代的我，一直很多病而虛弱，是一個不中用的男孩。成年以後，開始的前幾年，我是不折不扣的神經質，對自己的能力非常懷疑，不僅肉體方面弱不禁風，精神方面也好不到哪兒。所以，我在這般痛苦之下，才決心鍛鍊自己。」

後來，羅斯福也寫下他改造自己的過程——

「在少年時代，我一直喜歡看馬里耶德的作品。有一天，我突然注意到他某一部作品中的一個情節。那就是——一個英國艦隊的船長請教故事裡的男主角，為了成為不知恐懼為何物的男人，應該怎麼做？男主角告訴艦長，例如面臨戰爭時，剛

開始的一段時間，誰都會遭受到恐懼的襲擊，逢到這種情形，不妨控制自己裝成完全不害怕的樣子，經過一段時間以後，就會變成真的不害怕；一個人逢到非常不安時，不妨練習不害怕的樣子，久而久之，就會變成一個膽大之人……

「這也就是我採用的理論。一個男孩子的成長過程，從玩灰色小熊到木馬，再來是手槍，這些東西當時無一不教人感到害怕，但是只要裝成不害怕的樣子，久而久之就會真的不害怕。我想，只要有心改變自己，每一個人都會成功的。」

說話的自信，也就是對人生的自信

克服在他人面前說話的恐懼，其價值非常之大，因為如此一來，你對什麼事情都能充滿自信。戰勝在他人面前說話的恐懼，可以使人對充實的人生，向前跨出一大步。

某一個售貨員如此寫著：「站在同學面前講了一陣子話以後，我覺得已可以跟任何人周旋。有一天上午，我去找往日我害怕的經紀人，在對方說『我不要！』以前，我就把樣品攤開在桌子上面，後來獲得了大量的訂貨。」

此外，某個家庭主婦則說：「我因為不喜歡與人交談，所以從來就不曾招待鄰近的人們到我家小聚。可是到了講座上課，又在教室講台上演講以後，我下了一個最大的決心——召開一個家庭派對。想不到派對非常的成功。從這一次派對以後，我才知道製造客人感到興趣的話題，再讓他們興趣十足的談下去，並非很困難。」

在畢業前的一堂課，某店員如此說：「我一向很害怕客人上門，以致老是給上門的客人一種不會招呼客人的感覺。不過在班上演講了幾遍以後，我已經有了自信，而且也沉著了很多。最近連我自己也知道，我已能夠以權威性的態度應付客人。自從在班上面對同學演講以後，我個人的銷售額增加了45%。」

這些人都克服了在他人面前說話的恐懼，那些以前做不好的事情，如今已經很容易的就獲得成功。我想，你們一定也會發現，一旦能夠在他人面前從容的說話，自然就能夠以無比的信心，處理日常生活裡發生的種種問題。有了什麼事情都能夠克服的新自信以後，你就能夠迎面去解決人生的各種問題，以及困難的事情。

對於以前你無法解決的各種情況，只要你勇敢地向它挑戰，你就能夠加倍的體會到人生的喜悅，並且也能夠步上康莊大道。

3・有效率說話的三種原則

坦白的說，在白天裡我從來不看電視。一直到了最近，有一位朋友勸我收看午後的一個節目。這只是一個給家庭主婦收看的表演節目，不過收視率都很高。朋友強調觀眾參加的部分，我一定會感到興趣，所以叫我「開機」看看。

這一位朋友說得很對，節目主持人非常善於使現場觀眾願意開口說話，他的做法教我感到非常佩服，所以我連續的看了那個節目好多次，因為主持人的技巧牢牢的吸引著我。很顯然的，現場觀眾在談話技術方面，可說是完全的外行，他們根本不曾受過溝通的訓練。他們之中，甚至有一些發音不正確以及文法不通的人，然而每一個人都充滿了魅力。他們一開始說話時，攝影鏡頭就會對準他們，可是他們一點也不感到恐懼，正因為如此，方才引起了收視者的注意。

這到底是為什麼呢？關於這個節目所使用的技巧，我已經應用了好多年，所以當然知道這個答案。那些節目現場的觀眾，都是單純而平凡的人，都能引起全國收視者的注意。雖然這些人都在談著自己的事情，談著這一生最快樂的瑣事：跟配偶邂逅的經過，以及自己最感到害臊的事情等，他們完全不考慮到什麼開場白、主要部分，以及結論，甚至不去注意用語以及修辭……儘管如此，這個節目卻受到收視者決定性的支持。為了儘快的學習在他人面前說話，他們的做法值得借鏡。

1．透過經驗或學習而獲得演說資格的人

個人體驗比一般理論重要

談談真心話，使電視節目妙趣無窮的人，他們一向是基於個人的體驗談話。換句話說，他們只談論自己所熟悉的事情。如果他們硬性的被規定非談論共產主義的定義，或者說明聯合國的機構不可的話，那個節目一定教人感到沈悶無比。

話雖如此，在無數的集會裡，仍然有很多人犯了很大的錯誤。這些人偏偏喜歡就自己全然不知，或者只知道一些皮毛，或甚至全然不關心的主題，在集會上發表演說。他們喜歡選擇愛國主義、民主精神，或所謂正義的話題，再蒐集一些談話術的指南、有引

用句的書本，認真的閱讀兩、三個小時。

有些比較講究的人，還會蒐集大學時代閱讀過的政治學講義、一般理論等等，擬成又臭又長的演講稿。聽眾並不喜歡那種冠冕堂皇的主題，他們只對證明那些主題的事實有興趣，可惜一般的演講者都不了解這一點。

有關地下抗敵運動者的話

幾年以前，當我為講座的講師們舉行的地區集會，在芝加哥的希爾頓飯店展開時，一個學生發表談話說：「自由、平等、同胞愛，在人類的字典裡面，這些字眼表示出了最強力的思想。一旦喪失了自由，人就沒有活下去的價值。如果行動的自由，在每一方面都受到限制的話，活下去就更沒有意義了——」

他說到此，講師便打斷了他的話。這是很明智的處置法。講師再問學生，為何他相信他剛才所說的那些話。經此一問，該學生就說出了一則驚人的故事。

——原來，他曾是法國的地下抗敵運動者。他道出在納粹支配之下他跟家族所遭受的迫害，將如何逃出納粹祕密警察的控制，逃到美國的經過，用很生動的言語表達了出來。最後他做結論：「今天，我走過密西根街到此地來時，顯得自由自在，即使走過警察面前，我也沒有任何的慌張。進入這家飯店時，我不必出示任何的身分證明，待開完了這次集會，我也可以自由自在的到芝加哥任何地方。大家請相信我，自由值得用戰鬥去爭取的！」

聽完這段話，聽眾都不約地站起來向他喝采。

一、自己的人生經驗

自己的人生經驗，可說是最貼切的談話資料，而且也較能受到聽眾的注意。不過，基於我個人的經驗，說話的人都很難接受這種建議。他們不以自己的經驗為話題的理由，不外是認為自己的經驗沒有什麼特殊，以致時時想高攀哲學的原理，以及所謂的一般理論。很不幸的是——「那兒」的大氣很稀薄，在那裡一般人是無法呼吸的。

諸如這一種人，一旦獲知我們喜歡聽嶄新的消息，往往就會搬出所謂的「社論」。當然啦！只要是報館的總編輯，或者發行人所寫的社論，我們也不是一概不喜歡聽。但是只要你願意談談自己的人生經驗，人們將會更為熱心的傾聽。

沒有所謂教人感到無聊的話

愛默生認為不管地位如何低的人，都可以向他學習某些東西，因此每一個人跟他說話時，他都會傾耳聆聽。在我們的社會裡，我相信沒有一個人聽過的話比我更多，只要是願意說出個人體驗的人，就算他所得到的人生教訓微不足道，我仍然能夠聽得津津有味，始終不曾感到乏味。

想「說話」的紳士

現在我要舉出的一個例子，是有關幾年前在講座上的一位講師指導紐約市銀行的幹部當眾說話的訣竅。

這些幹部級的人因為時常被時間所困囿，所以甭說是做適當的準備，甚至對自己身邊事物的準備也感到困難。這種人畢生都在培育自己的思想、自己的信念，從獨特角度觀看事物，並且累積自己獨特的經驗。換言之，在四十年之間，他們一直在積蓄說話的材料，但是儘管事實上是如此，仍然有很多人對這個事實毫不自覺。

這是發生於某一個星期五的事情。與住宅區某銀行具有關係的紳士（我們就姑且稱他為傑克遜先生），看到時鐘已經指著四點半，方始考慮到在「說話教室」裡，應該談論一些什麼？他一面想著，一面走出辦公室。他在報攤買了一本《展望》雜誌，利用搭乘地下鐵時，挑了一個標題為「成功必需在十年內達成」的社論來看。他之所以挑這一篇社論看，並非他對這件事特別關心，而只是為了應付自己在班上的演說之故。

一個小時後，傑克遜站起來，試圖以趣味十足的口吻，把那一篇社論朗誦出來……

你猜？結果如何呢？

傑克遜先生對於想說的事情，並沒有等到消化以後再吸收，他只是把自己要說的地方看一下就上場了，所以缺乏一種打從內心說出來，或者非說不可的口吻。傑克遜本人的態度以及口吻，已經十足表明了其漠然的態度，如此焉能感動讀者呢？

傑克遜張口所說的是那位作者如此如此的「認為」，正是凸顯出《展望》雜誌的意見過多，而他本人卻是近乎完全沒有意見。

當他演說完畢時，講師說：「傑克遜先生，我們對於寫那篇論文的影子人物，一點也沒有興趣，因為那個人並不在現場。我們只對你的想法有興趣，你就把自己的意見說出來吧！我看這樣好了，到了下個星期，你再以這個問題做演講。你不妨再仔細的閱讀那一篇社論，問問自己是否贊成作者的說法。如果你贊成作者的說法，那就基於自己的經驗，舉出贊成他的例證；如果你不贊成的話，那就舉出你不贊成的理由吧！也就是說，請你把那一篇社論當成你談論的出發點。」

從自己的礦脈挖出話題

傑克遜重讀那篇演說以後，發覺自己不能全然同意作者的說法。正因為如此，他憑記憶打出了一些實例，以證明他不能同意的理由，再基於銀行經營者的立場，提出了各種的經驗，再以它們為根據點，發表他自己的意見。

經過了一個星期後，傑克遜基於自己的經歷，信心十足的展開演說。他基於那一篇雜誌的報導，提供同學們採自他自己礦脈的礦產、自己鑄幣局製造的錢幣。

至於這兩種方式中，哪一種方式較能給予同學們比較深刻的感動呢？關於這一點，

我想最好由讀者自行下判斷。

二、在自己的生活背景中找話題

有一天，我要求一群講師針對教授初學者說話術時最感到頭痛的問題，提出來討論，並且寫在紙上。結果在整理那些紙片時，我發覺講師在教授初步課程中，最頻繁地遭遇到的問題，正是所謂「適切的話題」。

那什麼才是適切的話題呢？只要是一直在你身邊，再透過經驗與反省後，變成你的「所有物」的那些事物，都可以成為適切的話題。然而，應該如何找出那些話題呢？

為此，你必需挖掘記憶，在自己的生活背景中求取曾經給你強烈印象，而意義又深長的人生體驗。數年前，我的班級曾經對「哪一種話題最能引起聽眾的關心？」展開一連串的調查，結果發現聽眾最喜歡的話題，乃是限定於個人生活背景內的話題。

幼年時代與奮鬥的經過

像有關家庭生活、童年時的回憶、學生時代的話題，以及奮鬥的經過，幾乎都能贏得聽眾的關心，因為幾乎所有的人們，都很關心其他的人在各自不同的環境中，如何的碰到障礙，以及如何的去克服它。

像以幼年的逆境，以及跟逆境格鬥的電影、戲劇、以及小說，所以那麼教人百看不厭，不就是證明了這個領域的話題很受到歡迎嗎？不過，你憑什麼能相信別人對你幼年時發生的事情有興趣呢？關於這一點，有一個測驗的基準——反正，只要長年特別鮮明地烙在你心坎裡的事情，我就敢保證聽眾對它絕對會有興趣。

年輕時代的力爭上游

這種領域的話題，亦是頗富於人情味以及趣味的。為了爭口氣，在社會上揚眉吐氣，這種力爭上游的經過，必能夠牢牢的抓住聽眾之心。你如何爭取到現在的職業？你如何創辦目前的事業？是什麼動機促成了你今日的成就？這些都是受到歡迎的好題材。你也可以說出在競爭激烈的社會裡，你所遭受到的挫折或者贏得的勝利。不管你的人生如何，只要它是真實並且是可以用謙虛的口氣說出來的話，幾乎都能夠引起聽眾的關心。

趣味與餘暇的活動

這個領域的話題，因為是基於個人的喜好，所以當然也能夠成為吸引聽眾的題材。只要你打從內心裡喜歡這種活動，一旦把它當成話題談論時，絕對沒有吃力不討好的道理。

特殊知識的領域

一個人長年做著相同領域的工作，將成為這個領域的專家，只要你說及自己多年的經驗、研究，以及你工作的各種層面，一定能夠受到注目，贏得尊敬的眼光。

別開生面的體驗

你碰到過偉人嗎？戰爭中曾經受過炮火的洗禮嗎？經驗過精神方面的危機嗎？諸如這些經驗，都能夠成為很好的談話題材。

信念及信條

或許對於今日世界所面臨的問題，你曾經耗費很多時間去思索吧？既然為了重大問題的研究，你已經耗費了不少時間，那你也就擁有談論那些問題的資格。不過，別忘了提起使你建立信念的例證，因為聽眾並不喜歡老聽一般理論，所以當談論這些話題時，光是看一些報紙是不夠的。

如果你對於那些問題的知識，不能勝過聽眾很多的話，還是放棄為妙。反過來說，如果那是你長年處理或者研究的問題的話，那就沒有所謂的「問題」了，你可以利用它為話題，好好的談論它。

有如〔第2章〕所指出一般，所謂演講的準備，並非只是機械性的把你要說的話，以及一連串的句子寫在紙上，或者背誦而已。所謂的「準備」，乃是把你要說的主題徹底研討一番，再憑你的經驗找出認為合理的證據，且切勿認為那些東西太瑣碎，而把你找到的證據或者材料放棄，因為這些材料所組成的演說，往往比職業演說家的演說，更教人感到興味盎然，感動人心的程度也比較深刻。

此外，最好是採用別人所沒有資格談論的話題，如此就能夠滿足在別人面前說話的

第二個條件。其條件如下——

2・最好選擇使你「動心」的主題

這個話題是否適合你？

雖然我們對某些話題都有談論的資格，然而並非那些話題都能夠叫我們動心。就以信奉「自己的事自己做」主義的我來說，對於洗碟子的事情，我具有充分的資格，然而我不但對這個話題沒有興趣，反而有心把它忘掉。

相反的，對於家庭主婦來說，以洗盤子做為主題的話，她們將有說不完的話。如對於這種半永久性的作業，她們如何的為自己抱不平，如何的迸出了不滿之怒火；或者為了逃避這種不愉快的雜事，她們驅使了何種巧妙的手段等等。反正，一提起洗盤子的事情，她們將有滔滔不絕的話，所以當然就能夠非常有效的以此話題從事演說。

說到此地，又有一個問題出現。這個問題可用來判斷你有資格在別人面前談論的話題，是否真的適合你發表演說。那就是——如果有人站起來當面反對你的意見，你是否能夠憑著信念與熱心堅持自己的立場呢？如果你的答案是肯定的，那你就選對了主題。

必需是你內心想表達的東西

一九二六年，我曾經旁聽在日內瓦舉行的第七次國

際聯盟會議。到了最近，我發現了當時的備忘錄，以下就是其中的一節——

「在三、四個人有氣無力的朗讀演講稿一般，發表了演說之後，加拿大的喬治・福斯達發言。他的手裡沒有演講稿、備忘錄之類的東西，教人看起來非常的滿意。他幾乎不停地在比手劃腳，每一句話、每一個字眼都鏗鏘有力。這可能是他想從內心表達自己意思的原故。很顯然的，他迫切的想把內心的信念，認真而完整的傳達給聽眾。想不到我時常在講座提倡的原則，竟然由福斯達表現了出來。」

時至今日，我仍然會時常想起福斯達那一場很誠實、充滿了熱心的演說！

基於理性與感情兩者的作用，

選擇完全屬於自己的話題，

就可以使你的誠懇浮現於外。

美國最火爆的演講者之一富爾頓・辛恩斯基，在年輕時代就學到了這種教訓。他在《人生值得歌頌》的這部著作裡，如此的寫著——

我被選為大學辯論大會的會員，在舉行大會的前一夜，辯論教授叫我到他的房間裡，對我說：「你真是個教人感到頭痛的學生。這所學校有史以來，頭一次有了像你這樣教人感到束手無策的辯論會會員。」我為了再進一步了解他的含意，便反問他：「既然我是個教人感到束手無策的學生，那麼何以要選我為會員呢？」教授回答：「因為你有很不錯的思考能力。現在你就站在那兒稍為練習一下吧！」

於是，我選擇了演說中的一節，重複了一個小時的辯論內容。這時教授又對我說：「你感覺有什麼地方不對勁嗎？」「沒有呀！沒有什麼不對勁呀！」於是，我又練習了一個小時半……兩個小時……兩個小時半……最後我感到非常的疲倦。

「你仍然察覺不出來嗎？」

我的理解力本來就很不錯，因此在經過兩個半小時以後，我也察覺到不對勁的地方了。「我懂了！問題在於我所說的話平淡無奇，沒有感情，並不像在說出自己的真心話，好像在背書似的。」

就在那一瞬間，辛恩斯基學取了一生難以忘懷的教訓，那就是——演講時，必需把自己投入所說的話裡面。

沒有教人感動的事情？

當我們講座的講師聽到學生說：「沒有一件事情能教我真正感動，我的生活非常單調。」講師就會問他們：「那麼，在空閑的時間裡，你都做些什麼呢？」經過這麼一問時，有些人答以看電影、打保齡球，亦有一些人答以種植花草，有一個學生甚至回答：「蒐集火柴盒。」

講師對這個喜歡蒐集火柴盒的學生進一步展開詢問時，他逐漸的越說越有勁。不久以後，他竟然也利用各種手勢，對蒐集火柴盒的經過不厭其煩的展開說明。他以得意的口氣說他幾乎擁有世界各國的火柴盒。講師眼看著他越來越熱中於話題，於是便對他說：「那麼，你就講一些有關火柴盒商標的瑣事吧！」

聽了講師的這一句話，那個學生感到訝然！他做夢也料想不到，有人會對火柴盒商標感到興趣。雖然他本人對這種話題的價值採取否定的態度，但是講師告訴他衡量話題是否有價值的唯一方法，乃是看說話者對於他自己所說的話題，感到何種程度的興趣。

那一夜，這個學生以蒐集家特有的滿腔熱心，說明了他蒐集火柴盒的經過。這以後，他每次出席於各處的午餐會，總會大談有關他蒐集火柴盒的經過，並且頗受各界人士的讚賞。

這個實例，對於想容易又快速的在大眾面前說話的人，有著很好的啟示作用，同時也跟第三個目標有著直接的關係。

3．必需熱心的跟聽眾分享話題的內容

成功或失敗由聽者決定

所謂「說話」，必需具備三個要素。那就是「說話的人」、「他所說的話」或「演說」，以及「聽者」三個要素。

這一章開始的兩個目標，談論的是談話者與他所談的話之間的關係。到此為止，所謂「話」的條件還未齊全。必需到談話者把話傳給聽眾時，條件才算完整。

或許談話者對要談的話已有充分的準備，或甚至談話者跟他熱烈地談論的話已有關聯，不過欲獲得完全成功的話，還必需擁有另外一個要素，那就是——談話者想說的話，必需能使聽者感覺重要。談話者本人對話題感到興奮是不夠的，必需具備一種能把興奮傳給聽者的才能才行。

歷史上著名的雄辯家不都具備這種素質。不過，你若要稱它是「外交手腕」或者「福音傳播者」的素質，也悉聽尊便。

能說善道的人，都希望聽者跟自己有同感，同意自己的意見；他也喜歡把自己認為

正確的事情付之實行，並且很熱切的希望聽眾能再度跟他體驗那件事情。總而言之，他站起來說話時，都是以聽眾為中心，絕對不是以自己為中心，因為聰明的演說者知道決定演說是否成功的並非他本人，而是聽眾。

對於目的的熱情

我曾經面對著美國銀行協會紐約市分部的員工，告訴他們勸導顧客儲蓄的訣竅，不過其中有一個人仍然無法說服顧客。為了幫助這個銀行人員，我採取的第一個手段是——刺激他對目的產生熱情。

我對他說，依紐約遺言審查法院的記錄，將死的85％的人，臨終時不曾留下任何東西，留下一萬美元以上遺產的人，只有3.3％而已。而且我一再對他強調，必需記牢這一點。同時我也再三提醒他，別認為自己是要求人，或強人所難。我叮嚀他，必需對自己說：「我一心為了這些人年老後的生活設想。為了死後能讓他們的妻子過安定的生活，我只是在幫他們做準備而已。」

換言之，我要他牢牢的記住：自己是一個偉大的社會服務者，可以比擬一名十字軍的戰士。

對於我所說的那些事情，他思索了一下，然後把它們「擱」在心上，再利用自己感到有興趣的方式，充滿熱心的認為自己擔負著很重要的使命。如此隔了一段時間以後，他再去說服顧客的時候，說的話充滿了自信，使聽者領會到儲蓄的好處。他所以有這種改變，乃是因為心中充滿了想幫助人們的熱誠。他不單是個以事實武裝的談話者，而且是個引人皈依有價值運動的傳道者。

雄辯術毫無意義

在某一段時期，我教授公眾演講術時，幾乎都是按照教科書的規則傳授。不久後，我才發覺此種教授法，無異於針對教師擺不脫的壞習慣，所謂雄辯術的戲劇性技巧，所展開的一種反射性傳授罷了。

對於我自己最初學習的「說話術」，我一輩子也忘不了。他們如此的教我——

> 首先，把胳臂垂到身體的兩側，把手掌朝向裡面輕輕地握著手指，再把大拇指貼在大腿上面。接著，一面描出優美的曲線，一面把胳臂抬起來，再有如要覆蓋手腕一般，把胳臂反轉。接下來，以食指、中指以及小指為順序，把手指伸開來……這些美學以及裝飾性的演技告一段落以後，胳臂又回到了原來的地方，貼在大腿上面。

這整個演技，簡直是又粗魯又裝腔作勢，不但不夠誠實，更不具有任何意義。

教授談話術的教師，並不試著教我把個性溶入演講裡面，以一般正常人的態度，跟聽眾作活潑的交談。

你不妨拿這種機械式的教法，與我在〔第3章〕所談論的基本三原則彼此比較一下。這三個原則，乃是我訓練談話術的根本，而且效果甚為昭彰。在這一本書裡面，這三個原則將一再的出現，至於其詳細的情形，將在以下三章分別討論。

第二部

說話術的三角關係

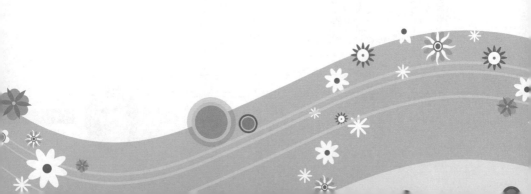

4・說話

大學教授與運輸業者

這已經是相當久以前的事了。有一位人文科學的博士，以及年輕時當過英國水兵的粗俗男子，不約地進入了我們的講座。具有博士學位者為大學的教授，當過水兵的粗俗男子，則在巷弄裡開了一家卡車運輸公司。不過他所說的話，比起大學教授所說的話來，更能夠博得班上同學的喝采。

這到底是為什麼呢？因為雖然大學教授一向使用字正腔圓的英語，且由於他是在城市裡長大，富於教養，做人方面也很幹練，說話時井井有條，富於道理，論點明快，不過他的話中缺少了一個很重要的東西，那就是具體性。

正因為如此，教授所說的話顯得很曖昧，往往只是概念而已，即使為了證明自己的論點，他也不曾舉出自己的經驗作說明。一言蔽之，他所說的話，只是一些使用論理之絲，纏合起來的抽象概念而已。

另外一方面，運輸業者說起話來，則明確具體而富於寫實性。他的話離不開日常事實，一旦提出了論點，他都不忘提出工作時發生的種種事情來證明它。他時常告訴同學遵守法規教他感到頭痛，在工作方面跟他有關係的人們也令他疲於應付……他的說話方式，充滿了新鮮與活力，不但使聽者感到興趣盎然，同時對他們的做人方面也有幫助。

我引用這個例子，並非有意把他倆放在模子裡徹底的比較一下，而是要說明只要談話內容多彩多姿，就能夠引起聽眾的關心。

為了要引起聽眾的關心，你所說的話必需在下列四種方法中發展。只要在準備之際，遵從這四種方法，毫無疑問的，你的話題就能引起聽眾的關心。

1．限定主題

貪心只會招致失敗

一旦選好了話題以後，下一步就是要決定話題伸長的境界，嚴格地規定自己在這範圍之內談論，絕對不要再犯「漫無止境」的錯誤。

某一位青年決定以「紀元前五十年的雅典到朝鮮戰爭」為主題，展開兩分鐘的演講。這實在是很危險的嘗試，以至於直到演講結束為止，他只說到雅典市的創立。這就是想在一則話裡面攙進太多的事，而遭受到失敗的明顯例子。

這是一個極端的例子，但縱然不到這種程度，其他還是有很多以相同的理由而無法引起聽眾關心及共鳴的例子，而且這些演講方式錯誤的理由，無非是演講者想說太多的事情。不過由於人們大都不能把注意力不斷的集中於單調的事實，所以如果你所說的話聽起來像年鑑一般的話，也絕對不能長時間引起聽眾的注意。

重點越少越好

譬如選擇「黃石公園之旅」為話題，如果太過於熱心，想描寫公園裡所有的風景的話，對於演講者迅速的描寫方式，聽眾只會感到頭昏腦脹，結果呢；對於重要的山岳、瀑布以及泉水的描寫，只能給予聽眾模糊的印象。

反過來說，假如能把話題限定於公園的一部分，例如，野生動物以及溫泉的話，那就不難讓聽眾留下鮮明的印象。把話題限定於這個範圍之內，如果時間允許的話，也不妨可以針對黃石公園鮮活而富於變化的特點，以寫實的方式描寫出來。

對於任何演講主題的處理方式都一樣，即使是像銷售術、製造蛋糕、如何節稅、彈道飛彈等話題，都得如此。

在開始演講以前，就要限定重點，以便在規定的時間內講完。以五分鐘以內必需講完的演說而言，如果要使聽者留下深刻印象的話，充其量只能有一個到兩個的重點。就

算是長達半個小時的演講，主題如果超過四、五個的話，能夠獲得成功的機會，也可說是微乎其微。

2．儲蓄預備力量

從一百種想法中選出一個主題

與其對一個事實追根究柢，進行表面性研討的方式實在。是容易多了，而且也不必費很大的力氣。不過話又說回來了，若採取避重就輕的方式，也不可能讓聽眾感動。

把主題縮小以後，接下來必需做的事情，不外是展開自我質問，以便加深理解。經過如此準備以後，你就能夠針對自己選擇的話題，以權威的姿態展開演講。所謂的自我質問，不外是——我為何相信這個主題是正確的呢？在實際生活方面，我曾經看到過這個論點被證實了嗎？我將證明一些什麼呢？它又是如何引起的呢？

這些自我質問，將為你帶來預備之力量，讓聽眾心服口服，解答他們的問題。植物學奇才路德・巴潘為了製造一、兩個最好的植物標本，必需試做一百萬個以上的標本。以談話術方面來說，亦復如此。亦即不妨從一個主題的周圍蒐集一百個想法，再把其中的九十個想法捨棄。

暢銷書的祕密

「為了獲得某一種情報，我通常要蒐集十倍或者一百倍的情報。」暢銷書《內幕》的作者約翰・昆沙如此表示。在一九五六年，他準備撰寫有關精神病院的一連串瑣事時，他的行動就做了最有力的證明。

那時，他參觀了精神病院，屢次跟醫生、護士以及病患交談。我的一位朋友跟他同行，協助他展開調查。朋友告訴我說，他跟昆沙爬過的樓梯不下幾英里，且不停的在走廊以及建築物之間來回，而且一連來回了好多天。昆沙寫了好幾冊備忘錄，他的工作室都堆滿了州政府的報告、私立醫院的報告，以及委員會的統計。

最後，他寫了四篇簡短的記事文。其實，這種記事文已經可以充作很好的演講文，雖然簡潔，但是充滿了很多奇聞、軼事。用來打這些記事文的紙張，只有幾盎斯而已，然而充作參考資料的筆記簿，以及產生那幾盎斯記事文的資料，卻已經超過了二十磅。

昆沙知道他自己如此做，等於是在淘著有黃金的河床。老行家的他，認為些微有關主題的瑣事都不能放過，所以一心一意的蒐集資料，結果真的篩出了金塊。

我的朋友說：「教人切除盲腸的方法，只要費時十分鐘就夠了。但是對於中途發生差錯的處置法，就是耗四年也教不了。」

在演講方面亦復如此。為了能夠應付非常的場合，絕對不能忽略了準備。有了充分的準備以後，就可以憑藉前一位演講者所說的內容，改變你要強調的重點，甚至還可以在演講以後，回答聽眾的各種問題。

使話題發酵 只要早一點找到話題，就可以獲得充分的預備力量，切勿到了演講前兩天或者當天，方才著手準備。早一點決定話題，即可讓潛在意識早些對它發生作用，這對演說的準備有著莫大的助益。在一天工作的餘暇，不妨更進一步地研討這個話題，並且提昇你的想法。

例如，你可以利用開車、等公車，或者搭乘地下鐵的時間，徹底的檢討演講的主題。在這種「潛在期間」裡，內心裡往往會萌出很絕妙的自我反省，因為話題的早點決定，使你的精神在無意識之下，對它發生了作用。

諾曼・湯馬斯是一個罕見的雄辯家，所以即使在政見方面反對他的聽眾，也對他充滿了敬意。他說：「如果想轟轟烈烈地演說的話，演講者必需在內心裡不斷重複的檢討該主題的論點，甚至必需跟它一塊生活。只要你肯如此做，當你在街道上行走、看報紙就寢以前、早晨起床以後的時間裡，你就會驚訝於這些對你的演講有幫助的實例，或者對話題的進行有用的啟示，將一一的浮現出來。那種『不夠勁』的談話方式，不外是陳腐的想法所帶來的，對主題來說，根本就沒有任何的幫助。」

不必逐句的記錄

處於這個過程中的時候，你或許會產生一種把演說的內容逐句寫出的衝動。這種想法最好避免，因為如此一做以後，你將因此而感到滿足，再也不想添加任何建設性的想法；同時，這也會帶來背誦原稿的危險性。

對於背誦一事，馬克・吐溫曾經說過：「書寫的東西，不適合當成演講稿，因為它到底只是文章罷了。它硬綳綳的，缺乏彈性，不能驅使舌頭有效果的把它表現出來。如果演說的內容，並非要教導聽眾某種東西，只是要博君一笑的話，那麼只要用日常輕鬆、奔放的自然言語就足夠了。如果不是那樣的話，只會教大家感到厭倦，根本就不能使他們快樂。」

對世界一級大公司——軍方發動機製造廠的發展有貢獻的卻爾斯・凱塔林，乃是最善於演講者之一。當有人問他是否曾經撰寫演講稿時，他回答：「我想演說的東西太重要了，因此不能寫在紙上面。我希望能在聽眾的內心及感情中寫下我的演說詞，所以怎能讓紙張介入我跟我的聽眾之間呢？」

3．驅使眾多的實例

魯道夫・弗雷修在他的著作《文章作法》裡面如此寫著：「真正耐得住閱讀的東西，只有故事而已。」並且還舉出《時代雜誌》以及《讀者文摘》如何應用這個原理。這兩種發行數量很大的雜誌，絕大多數的新聞、消息等等，都是以純粹口語化的文體寫成，而且還夾雜著奇聞軼事等的東西。所謂說故事式的口吻，不僅適合應用於雜誌方面的文章，甚至可以應用到演說方面，以此獲得聽眾的關心。

提起了諾曼・比魯的佈道，幾乎無人不曉，在電視及廣播方面，他擁有好幾百萬的聽眾。為了使他的內容充滿情趣，他最喜歡採用「實例」為材料。他曾經對《演講季刊》雜誌的記者說：「據我所知，基於事實的例證，最能夠使思考明瞭，同時也能使聽眾感到趣味盎然，是一種最具有說服力的方法。每次我要證明重要的論點，我總是會使用幾個實例。」

為了把使用實例當成你的重要技術，你應該怎麼做呢？關於這一點，總共有五個方法，那就是一、加上人情味。二、用名字使人物個性化。三、使細部明顯化。四、配以戲劇性的效果。五、增加視覺效果。

一、加上人情味

往日，我曾經對居住於巴黎的美國實業家們，提出了一個演說的課題「成功的祕訣」。結果，大多數的企業家只敘述了抽象的美德，最多也止於談論勤勉、忍耐以及野心的價值而已。於是，我只好中止他們的演說，並且提醒他們——

「聽眾是不喜歡說教的，除非你的演說能教人感到妙趣橫生，否則根本就不會有人注意你。還有一點，那就是在這個世界裡最能引人發生興趣者，乃是經過昇華以及美化的街談巷議。這一點很重要，請不要忘記。正因為世人具有好奇的心理，一旦有機會的話，你就不妨針對認識的兩個人物，發表談話。你可以談談其中的一個人何以飛黃騰達，另外一個人何以會慘遭失敗？如此的話，聽眾就會感到興趣盎然，而你的話自然就會被聽眾記牢。」

在那一次的講座裡面，有一個學生本來很不善於引起聽眾的興趣，後來有一晚他利用了我的提案，談起他大學時代的兩位同學。

其中一位同學很節儉，他到市鎮上不同的成衣店購買襯衫，再分析哪一家出售的襯

衫最耐穿，以估計他投資到哪一廠牌的襯衫回報率最高……如此這般，他的內心一直在計算金錢方面的得失。從工業大學畢業以後，他把自己想像為重要的人物，不屑於跟其他的畢業生一起從基層幹起。等到畢業三年後，召開同學會時，他仍舊在計算那些「回報率」，等待著理想的工作找上他……

其實，世上哪有這種便宜的事情呢？在經過了二十五年後的今天，他仍然在大發牢騷，不願從低的職務往上爬。

說到此，演講者再把話鋒一轉，談起了同學們不曾預料到的成功者。這位成功者善於交際，每一個人都喜歡他，他從不抱著轟轟烈烈的野心。首先，他從製圖的工作開始，一直很勤勉的在做事，一心一意的等著機會來臨。那時，紐約市計劃舉辦世界博覽會，他預料到紐約將需要很多的技術員，於是他毅然的辭掉費城的工作，到紐約找到一個伙伴，開始經營包工的事業。他包了很多電話公司的工作，後來電話公司便以高薪聘用了他。

以上，我只是大略地敘述那個男子的演說而已。實際上，他所說的話包含著很細緻、充滿了人情味的描寫，不僅使聽眾感到興趣萬分，同時還富於相當的啟發性。

他又繼續講下去……平常連三分鐘演講的材料都找不出來的人，在他講完時，發覺自己竟然牢牢地扣住聽眾的心弦十分鐘，其驚訝的程度已難以用筆墨描寫。這是他在演講方面第一次真正的勝利。

「不能說自己的事」乃是謊言

或許在看過了上文以後，每一個人都會產生某種感觸，那就是把富有人情味的奇聞軼事加入演說裡，就可以扣緊聽眾的心弦，而且還必需把要點儘量減少，再舉出實例，具體的說明那些要點。

當然啦！必需憑你自己的體驗及環境，方能夠獲得源源不斷的充滿人情味的材料。正因為如此，絕對不能被所謂「不能說自己的事」的觀念所囿，必需把自己的經驗逐一說出來。聽眾所以會對演說者產生反感，並非因為演說者談論自己本身的事情，而是他的話裡充滿了挑戰的意味，以及自我中心。排開這兩點，聽眾對聽演講者談及他個人的話，仍然會感到興趣。它也是引起聽眾關心的一種手段，切勿輕視它。

二、用名字使人物個性化

逢到演講涉及他人時，最好是使用他的真名字。如果你不想公開他們的名字，那就使用假名字吧！就算使用「史密斯」或者「喬治」等一般性的名字，仍然比使用「那個男人」或者「某人」更具有說服力。

有了名字，就容易區別不同的人，使他們富有個性。

魯道夫・弗列修曾經指出：「沒有一件事情比起名字來，更能為故事添上真實性。反過來說，也沒有比所謂『匿名』更非現實的東西。為了證明這一點，你不妨想想看，一部沒有主角名字的小說會變成如何？」

在你的演講中，使用人名以及人稱代名詞，一定能使抓牢聽眾之心的比率增高。

三、使細部明顯化

關於這一點，大家很可能會如此說：「你說得很對。可是應該如何做，才能夠把細部作明顯化的說明呢？」其實在這裡，我們不妨使用新聞記者寫稿子的五個原則，也就是回答「在何時？在何地？是誰？是什麼事？為了什麼？」這五個問題只要遵從這種方式，你所舉的實例就會變成富有生命及色彩的東西。以下，我就要舉出一則軼事。這一則軼事是我曾在《讀者文摘》中發表的文章——

我從大學畢業以後，擔任了亞馬公司的推銷員，旅行於南達克達州整整兩年。我搭著貨車，到自己被分配到的地區巡迴推銷商品。有一天，我為了在南達克達州的「紅野」搭乘南下的火車，非得整整等上兩個鐘頭不可。因為「紅野」並非我的推銷地區，我當然不能趁此空檔推銷商品。

那時的我，計劃在一年以內進入紐約的戲劇大學攻讀，所以決定利用這一段空檔的時間練習說話。我在車站旁的小路踽踽而行，開始朗讀莎士比亞作品《馬克白》的一個場景。我伸出了兩臂，就像演員一般的大叫了起來：「噢……那兒不是有一把短劍嗎？而且劍的護手又朝著我的方向……好吧……把劍抓住吧……難道你不敢抓它嗎？」

突然之間，四個警察撲向我，責問我為何要嚇唬婦女？那時，我還浸淫在戲劇的氣氛裡面，以致不曉得警察何以要抓我？警察對我說，有一個婦女從廚房的窗簾裡一直在觀察我。因為我的舉止太古怪，所以她就打電話報警了。

警察又說，當他們靠近我時，我正在大聲的咆哮：「短刀在那兒。」我向警察說明我正在練習莎士比亞的戲劇，但是他們不肯相信，一直到我出示亞馬公司的訂貨單時，他們才釋放了我。

你不妨想想，這一件妙事，跟上述的五個問題是否相應呢？

當然啦！如果把沒有關係以及無意義的事情，說得又臭又長的話，誰都會感到厭倦。在南達克達州的某一個市鎮，差一點就被逮捕的這個故事，對於五個條件的任何一個問題，都能夠提出簡單而扼要的答案。如果在太多的細部講個沒完的話，聽眾就不會向你投注完全的注意力。在這個世界上，沒有比不關心更為嚴酷的拒絕了。

四、使用對話，增加談話的戲劇性

以下我就要應用一個人際關係的法則，舉出如何成功地安撫暴躁顧客的例子。

前一天，有個男子到我的辦公室。原來，上個星期他向我們購買的電器製品，不能好好的發揮效用，使得他暴跳如雷。於是我就對他說，我們會盡全力把這個產品修好。聽我很誠懇的如此說，他就逐漸的平息了怒氣。

這一則例證雖然把問題很明確的說了出來，不過卻缺乏人名又不夠詳細。其最大的缺點是——缺乏使這件事顯得更為鮮活的會話。以下，就是加入會話的例子。

上星期二，辦公室的門被敲得砰砰作響。我抬頭一看，正好看到我的顧客查理怒氣沖沖的臉。我連請他坐下來的機會都沒有。

「愛德華！這是最後的通牒！」查理紅著臉大嚷著說。

「快派出一部貨車，到我家的地下室把那部沒用的洗衣機搬回來。」

我問他到底發生了什麼事情？他並沒有正面回答我的問題，只是氣沖沖的說：

「你那一部機器太爛了！」他大聲的咆哮說：「洗的衣服都纏在一塊，我老婆氣炸了！她說再也不敢領教你們的洗衣機了。」

我心平氣和的請他坐下來，再詳細的說明。

「我沒有坐下來的時間。一來這樣我會來不及上班，二來我正在後悔不該向你購買洗衣機！我告訴你；以後我再也不向你購買任何東西了！」說到此，他用勁地拍打桌子，連我太太的照片也被拍到地上去了。

「我說查理啊！」我安撫著他：「你先坐下來吧！好好的談談，只要我做得到，我一定為你修好。」

到此，他方才坐了下來，心平氣和的跟我交談，事情就如此的解決了。

並不一定非在你說的話當中加入會話不可，然而只要看看以上所舉的會話例子，你就不難了解到直接的引用會話，將增加很多戲劇性的效果。如果演說者具有模仿的才能，能表達出不同聲音的調子來的話，那麼該會話的效果將能倍增。同時，使用對話的方式，更能夠使你所說的話充滿了日常會話的氣氛。如此一來，將予人一種跟說話者圍著晚餐桌交談的印象。你絕不要學習那些向麥克風大叫的演說家，以及在學會席上裝模作樣地朗讀論文的學者。

五、為了增加視覺效果，說話時不妨多利用手勢和表情

據某一位心理學家透露，我們所獲得的知識85％以上都是透過視覺印象而獲得的。電視不僅能夠發揮娛樂的功能，亦能夠很有效果的發揮宣傳媒體的機能。由此我們不難判斷，前面那一位心理學者的說法無庸置疑。其實，就連公眾演說也不例外，因為它不僅是一種聽覺的技術，也是視覺的技術。

為了把已很詳細的話再添加幾分真實感，最好能夠採取視覺的表現法。像有關高爾夫球的打法，只要在課堂上講解幾個小時，就能夠教人如何的揮球桿，但是聽的人一定會感到厭倦，所以如果改在球場實地示範的話，大家的耳目就會集中於你的身上。同樣的，使用你的手腕與肩膀表示遇到亂流而搖晃不已的飛機的話，對於你在高空中九死一生的驚魂經過，聽者更能夠體會到你緊張的那一時刻。

關於這一點，我時常會想起在產業勞動者的班上，一個會員對我所說的話。他的那一段話，可說是視覺化演講的傑作。這一個會員很技巧的揶揄了效率專家以及監工，他以叫人噴飯的滑稽動作，表現出紳士們在檢查故障機械的嘴臉，以及笨拙的舉止。那些滑稽透頂的動作，就是在電視上面也很難看到。正因為他把談話視覺化，使得他的話牢牢的留存於聽者的記憶裡面，而我既然也是聽眾之一，所以想必一輩子也忘不了。相信班上的同學時到如今，也仍會津津樂道呢！

「到底如何才能夠把談話視覺化呢？」你不妨如此的自問自答，接下來再實際的把它付諸實施。這就像古代中國人所說過的一句話——拿圖畫給對方看，比利用千言萬語說明更有效果。

4．使用具體而具有親密性的言語

散播映像 在抓住聽者注意力的過程中（對於任何說話的人來說，這是第一個目的），有一個最重要的輔助手段以及技術，但說話者往往會忽略了它的存在，或者根本就沒有意識到它。所謂讓人容易接納的談話，就是能使聽者的眼前不斷浮現映像的談

話。那些慣於使用模糊不清、缺乏精采象徵的談話者，只會使聽者感到昏昏欲睡。

不說「狗」而說「牛頭犬」

哈巴多・史賓塞在一部名叫《文體之哲學》的散文書籍中，指出一些往昔用語的卓越性，因為它們能夠引起鮮明的印象——

當我們在想某一件事的時候，並不能只驅使一般的概念，而是要以特殊的概念思考。是故，以下的文章必需避免——「一個國家的風俗，習慣、娛樂等，越為殘酷、野蠻，其刑罰的規則也越嚴厲。」

而或許我們可以這麼說——「一個國家的人民越喜好戰爭、鬥牛以及決鬥話，他們越可能以殘酷的刑罰，如絞刑、火刑等，來處罰罪犯。」

關於塑造出映像的文章，在聖經以及莎士比亞的作品裡，多得有如雲集在汽水工廠的蜜蜂。如果是平凡的作家，對於這種寫法他將會如此的批評——「試圖將原本完整的東西來個改頭換面。」或者以不屑的口吻說：「那是畫蛇添足的寫法。」關於映像的這個概念，莎士比亞又是如何的表現呢？他喜歡以永遠不滅的映像語言表現，例如在精製的金飾上面套上金箔，利用水彩在繪有花彩的地方塗抹，用香水噴灑紫羅蘭。

你察覺到了嗎？那些一代又傳過一代的諺語，是否都具有強烈的視覺性呢？例如：「手中的一隻鳥兒，勝過矮樹叢裡的兩隻鳥兒。」、「要下雨，就傾盆而下。」、「即使把馬兒牽到有水的地方，仍然不能使牠喝水。」等等，都是很明顯的例子。

除此以外，像被使用了好幾個世紀，古色古香的比喻用語，你是否感覺到它們也具有很強烈的映像性要素呢？這一類的用語有「狡猾如狐狸」、「就像麵餅一般的扁平」、「像石頭一樣硬」等等。

林肯說話時，一向喜歡使用視覺性的用語。在白宮裡面，每逢碰到又臭又長、故作神祕以及繁雜的報告時，他都會使用映像式的言語修正它們，以便使它們能夠長久留存於人們的記憶裡。他曾經說過：「有人託你購買馬匹時，你必需報告的事，並非馬兒尾巴上面有幾根毛，購買的人真正想要知道的事情，乃是那一匹馬的好壞與否。」

你不妨磨練利用視覺訴求的能力，因為那有如背對著夕陽產生影子的雄鹿銳角一般鮮活而銳利的映像語言，能夠予人很大的感動。

同樣是「狗」，如果牠是「牛頭犬」的話，那麼給人的印象將更為鮮明。如果是全身都有花紋的牛頭犬的話，將更能引起鮮明的映像。比起一頭馬來，「黑色的駿馬」所勾起的映像不是更為鮮明嗎？

詳細的敘述　在《文體的要素》裡面，威廉・史多蘭說：「凡是學過文章技巧的人們，都一致認為——為了喚起讀者的注意力，牢牢地吸引他們起見，必需詳細明確而具體的書寫文章……偉大的作家荷馬、但丁、莎丁比亞等人，一向都擅長於細微的描寫，因此富有比他人強好幾倍的說服力，所寫的東西，也都能夠引起鮮明的印象。」——不僅寫文章要那樣，說話也必需那樣。

往昔，我曾經舉行一項實驗，那就是基於一般交談的方式，說出演講稿的內容，而且談話者必需在每一節中插入一些事實、固有名詞、數字乃至於日期。結果，非常富於革命性的。班上的聽講者都使用了具體的言詞，舉行一次彼此理解一般概念的遊戲。只要使用我們日常明快、充滿活力的言語交談，就不至於耗費很多的時間。

法國哲學家亞蘭說：「抽象的文體，對於描寫任何事情都不適合。你最好使用肥皂、金屬、桌椅等東西，填滿你的文章。」

同樣的，這種說法也可以應用到日常的會話。事實上，本章所敘述的如何在眾人面前談話，特別是在細部用心方面，也可以應用到一般的會話中。只有注意細部，方能夠使會話充滿活力。

只要你有意成為健談的人，你就不妨遵從這一章所包含的忠告，如此的話，你就可以得到益處。如果你是一名推銷員，一旦把細部派上用場的話，你就會感覺到它的魔力有多大。

不管是處於重要地位的人、家庭主婦或者是教師，只要基於具體的事實，細密地描寫的話，不管是下達命令或者是提供情報，都能夠提高效果。

5・說話的人

海德公園的三個演講

在第一次大戰結束後不久，我到倫敦跟湯馬斯先生一起工作。他在擁擠的會場，展開一連串有關「阿拉伯的勞倫」的演講。

有一個星期天，我不知不覺的走到海德公園的大理石拱形門一帶。在那兒，各色人種以及不同信仰的人，可以在不受到法律干涉之下，發表演說。我曾經站在那兒一段時間，聽取天主教徒大談法王不可謬說的教義，也聽到社會主義者在談論馬克斯主義。當我又走到另外一堆群眾裡面時，有一個男子正在談論一夫四妻的適切性……接著，我離開了三個演講者遠遠的，觀察了這三堆群眾。

說起來也許你不會相信，聽眾最少的竟然是談論一夫多妻主義的人！至於其他兩個演講者的聽眾則越來越多。為何會如此呢？是否是因為他的話題枯燥乏味呢？不是。

不過，隔了一段時間以後，我就恍然大悟了，原來問題在於演講者本身。因為那一個談論一夫多妻妙處的男子，本人似乎對一夫多妻也沒有多大的興趣，但是相反的，其他兩人則都很熱中於自己的主題，以致言談之間充滿了活力，甚至比手劃腳的，臉上充滿了光采。

活力、朝氣、熱心——這就是談話者必備的條件。因為充滿了活力的演講者周圍，總是集滿了野火雞似的聽眾。

那麼，為了使你的談話充滿活力又能吸引聽眾的注意力起見，你應該怎麼辦呢？在這一章裡面，我就要談論能夠把熱誠及興奮注入話題的三大原則。

1．選擇自己認真研究的話題

在〈第三章〉我強調把感情溶入主題的重要性，認為除非熱中於自己所選擇的主題，否則聽眾不會相信你所說的話。如果主題是關於趣味以及休閒活動方面的話，只要是能夠使你感到興奮的事情，就能夠很熱烈的談論它。

牧草與胡桃灰事件

距今二十多年以前，我在紐約市開辦講座時，曾經聽到一則充滿了熱忱及說服力的談話。在這以前，我不止聽過一次具有說服力的談話，然而始終

沒有聽過如此震撼人心的談話。那是超越常識，以熱忱獲得勝利、大放異彩的談話，我管它叫「牧草與胡桃灰事件」。

有一天，市內一家著名公司的推銷員發表談話說，縱然沒有種子以及草根，仍然能夠使牧草長出來。他說，只要在土壤上面灑了胡桃樹的灰，不久後就會長出綠油油的牧草。他執拗的說，除了胡桃樹的灰，沒有任何東西能夠使牧草長出來。

我冷靜的批評他所說的話，並且對他說，如果他的發現是真實的話，他老早就成了百萬富翁，因為35公升的牧草種子可以賣到幾塊錢美金。我又說，如果這是事實，由於這一項發現，他將被看成非凡的科學家而留名青史，因為能從非生物創造出生命的，古今中外沒有一人。

我儘量心平氣和的對他說明那是一件不可能的事，就連其他聽講人員也認為他的主張是錯誤的。但是，他始終堅持自己並沒有錯，並且振振有詞的說那並非空談，而是他實際經驗過的事情。他又提出了能夠做為參考的資料及證據，口口聲聲的說他的主張是完全正確的。他的聲音充滿了熱誠與真摯。

我再度告訴他，他的說法絕對不可能正確。想不到他立刻從座位站起來，聲稱他可以賭五美元，請美國農務部專員證實之後，再決定勝負。

結果又如何呢？講座的聽講生竟然有不少人站在他那邊，就連開始抱持疑問的人，也有不少向著他。如果這時來一個表決的話，一定有過半數的人站在他那邊。我就問那些向他靠攏的人們，為何信念會發生動搖呢？他們都異口同聲的說，那是因為受到談話者的真摯以及毫不動搖的信念所感動，以致對常識性的見解產生了疑問。

我為了一掃含糊的態度，只好寫信請教農務部。結果農務部的回答是——胡桃樹燒成的灰，不可能生出牧草以及其他任何生物。末了又添加幾行說，有一封寄自紐約的信也詢問相同的問題。原來，是那一位推銷員也寫了信去詢問農務部。

這一件事，給了我一個難以忘懷的教訓。只要談話者堅信某一件事，認真去談論的話，一定能夠獲得支持者，就連胡桃灰會產生牧草的說法，他們也會深信不移。

由此不難推測，只要獲得常識與事實證明的話題，更能夠發揮驚人的說服力。不過，幾乎所有談話者，都會擔心聽眾對於他選擇的話題是否有興趣。

要使聽眾感到興趣的話，只有一種方法可循，那就是針對話題煽起熱情之火，如此就可以抓住聽眾的心。

這已經是好幾年以前的事情了。我在巴爾的摩開辦講座時，有一個男子發出警告

說，如果基於目前的漁獲法，濫捕傑沙畢克海灣的笠子魚（即鲉魚）的話，不久笠子魚將絕種，而且只需幾年的時間。他非常熱中於自己的話題。

其實，這是一件很重大的事件。一直到他站起來談話為止，我完全不知道傑沙畢克海灣有笠子魚呢！我認為多數的聽眾跟我相同，對於笠子魚既沒有興趣，又不會真正的關心。不過，在這位仁兄的談論還沒有結束之前，我們已經在要求政府保護笠子魚的請願書上面簽了名。

往昔曾經是意大利駐美大使的李察・威修潘，亦是一名作家。當記者問他使讀者感到興趣的訣竅是什麼時，他回答：「因為人生的確妙趣無窮，我當然無法平靜下來。因此，我就只好把自己的感受告訴讀者。」

像這一類懂得訣竅的作家以及演說家，聽眾是無法避開他們的引誘的。

我曾經到倫敦聽著名人物的演說。聽完演說以後，英國著名的作家賓遜批評說，他比較喜歡演講的末尾部分，因為演講者對末尾部分比較關心。

以下，我就要舉出一個例子，解釋上乘選擇話題的重要性。

激憤之餘，使演講變成動人有力

有一位名叫弗林的紳士加入了我在華盛頓召開的講座。講座才開始不久，弗林選擇華盛頓為演講的題目。他從報館的小冊子蒐集演說的材料，正因為如此，他的演講顯得枯燥乏味。他雖然在華盛頓居住了好多年，卻不曾表達自己對華盛頓的感情，只是一味的舉出大家都知道的事實，使得聽者感到索然無味。

經過兩個星期以後，發生了一件足以改變弗林的事件。一個冒失的男子開車撞到弗林停在路邊的車子，立刻逃之夭夭，使得弗林無法得到保險金，還得自己掏腰包修理車子。不過正因為如此，他方才有了一個談話的題目。上一次有關華盛頓的演講，使弗林吃了癟。這一次卻不同了。對於自己被砸爛的車子，弗林氏的談話有如火山一般的爆發開來，口沫橫飛地發表談話。在兩個星期前，都巴不得弗林快點說完下台的同學，這次都以熱烈的喝采鼓勵弗林。

容我再重複一遍。只要選擇適合於你自己的話題，你的演講一定會成功。如果再把話題限定於一個範圍的話，成功就毫無疑問了。講一些你堅信不移的信念最為理想！對於人生的某一個層面，每一個人都有強烈的信念，不必捨近就遠的到處尋找。一般說來，這種主題常浮現於你的意識表面。

只憑表面的印象不能感動人

最近，電視播放了有關死刑的爭論實況。很多人出席於座談會，紛紛議論死刑的是與非。其中有一位來自洛杉磯的警官。很明顯的，他對

這個問題已經思慮了很久。基於有十一名警官同事被嫌犯射殺的事實，他抱著非常強烈的信念，他從內心裡深信自己的主張是正確的，因此能以痛切的語調發表談話。

其實，能在青史上留名的雄辯者，他們打動聽眾心坎的說詞，就都是來自強烈的信念，以及深刻的感動。

誠實可受到信念的支持，至於所謂的信念也者，可由智慧、冷靜的思考，以及熾熱的感情所組成。

「所謂的心也者，包含著理性所不知的理性。」——巴斯考爾敏銳省察的真實性，可由種種不同的形態證明。關於這一點，我已經在自己的講座上看過好多次。

一位波斯頓的律師說起話來很流暢，外表又很討好。不過他發表談話以後，人們卻只會誇他是一個很伶俐的男人。反正，他只能給別人表面性的印象，因為他所說的話，只有表面經過修飾，骨子裡都沒有什麼感情存在。

在同一個講座裡，有一位保險公司的外務員。他長得矮小，沒有好風采，說起話來斷斷續續，有時甚至停頓下來，不過他所說的一言一語都充滿了感情，以致能牢牢的打進聽者的心坎裡。

林肯總統在華盛頓福特劇場被暗殺至今已經一百多年了，但是他充滿了真摯誠實的人生，以及他在世時的言行，至今仍然活在我們的心坎裡。以法律常識來說，比林肯更為出色的人，在當時可說比比皆是，而且林肯欠缺文雅，人格不太圓滿，待人的態度也不夠圓滑。但是他在蓋茨堡以及華盛頓國會大廈所發表的談話，其真摯以及誠實的態度，綜觀美國歷史，實在是無人能出其右。

對某件事發生興趣

一提起強烈的信念以及關心，或許有一些人會答以：「沒有教我感到關心的事，而且我也沒有任何強烈的信念呀！」遇到這種情形，我總是會勸他們要多多培養興趣。

譬如，有位聽講人問我如何培養興趣時，我順口對他說：「你可以培養對鴿子的興趣呀！你不妨到廣場上觀察鴿子，給鴿子東西吃，再到圖書館翻看一些有關鴿子的書本，再回到廣場，跟鴿子說說話。」

他依照我說的方法去做，等他再度回來時，我再也不必催促他，他也能以非常狂熱的口吻談論鴿子，因為他已經讀過了四十冊有關鴿子的書本。那時他所說的話，是我所聽到的最有趣的話題之一。

在此，我還要奉勸大家不妨進一步研究你想要談論的話題，因為對於自己喜歡的東西知道得越多，越能夠使你提昇熱情的層次。

《銷售五原則》的作者巴西・懷丁說：「身為一個推銷員，必需永不休止的研究自己所推銷的商品。對於良好的製品知道得越多，越能夠強烈的愛著那種商品。」

談話方面亦復如此，對於自己想說的話題知道得越多，越能夠認真的研究這個話題，當然也更能夠提高你對它的熱情。

2・使感情再生

勿壓抑正直的感情

假設你僅僅超速一哩，就被交通警察開罰單的話，一定會感到憤憤不平。這時，當你面對著一群聽眾提及自己的遭遇時，你能夠保持非常冷靜的態度嗎？因為那是實際發生於你身上的事情，你當然能夠以很明確的言語以及感情表現出來。如果你是站在第三者的立場訴說那種遭遇的話，聽眾便不可能獲得很強烈的印象。

聽者最想知道的是，當警察交給你罰單時，你有什麼感覺，所以只要你能夠把那時的感情重現，你就不難鮮活的把當時的你表現出來。

我們看電影以及戲劇的理由之一，無非是想看看各種感情如何被表現出來罷了。曾幾何時，我們已經不敢在他人面前明顯的表現出自己的感情，久而久之，使得感情嚴重的被壓抑，為了尋找感情的「洩洪口」起見，人們不得不在劇場流連。

是故，在眾人面前說話時，你的話所包含的興奮量越多，你所說的話題越能夠獲得關心。由此可見，正直的感情不宜壓抑，對於燃燒中的熱情，不宜對它潑冷水，你可以向聽眾表示，你對於自己選擇的主題是如何熱心的在談論，只要如此做，即可同樣引起聽眾的熱情。

3．舉止之間必需充滿熱心

演講者是指揮官

走到聽眾面前時，你不妨想像有一件很快樂的事情等著你去做，切勿把自己看成登上死刑台的罪犯。不管是否真實，輕快的腳步將給你帶來奇蹟，並給予聽眾妙語如珠的感覺。

在開始演講以前，不妨來一個深呼吸，不要貼近桌子，最好抬頭挺胸，因為你將說一些有益的話給聽眾聽，所以當然你得格外的注意自己的一舉手一投足。身為指揮者的你，必需像一個指揮者的樣子，如果你的聲音能夠大到最後一排的人都能聽到，它就會在無形中鼓勵你，即使是以比手劃腳的方式，它也能夠刺激你。

雷亞德夫婦稱為「反應作用之暖身」的這個原理，在必要活動的任何狀況下都適用。雷亞德夫婦在其著作《有效率的記憶術》裡面，批評羅斯福總統為：「他以其登錄商標的精力、銳氣、熱心以及抗力終其一生。凡是由他主辦的事件，他都會表示深刻的關心，就算不關心，他也會很巧妙的裝成關心的樣子。」

羅斯福一直奉行著威廉・詹姆斯的哲理——「裝成很熱心的樣子」，如此一來，對所有的行動便能很自然的萌生熱情。所以你必需記牢這一句話——

「只要裝成很熱心，就能感受到自己的熱情。」

6・聽眾

沒有一模一樣的演講

拉塞爾・坎威爾著名的演講《鑽石的土地》，前後舉行了六千次左右。既然重複了這麼多次，它的形式一定會牢牢的固定於演講者的心坎裡，就連一言一語以及聲音的抑揚頓挫都不會改變吧？也許你會如此認為。

事實上並不如此，坎威爾博士知道聽眾的層次不同，因此為了使每一層次的聽眾都感到滿足，讓談話者、談話的內容，以及與聽者之間的關係，變成「活」的東西起見，他使用了各種不同的方法。

他如此寫著：「逢到我訪問都市、鄉鎮時，我都會先拜見郵局的局長、理髮店的老闆、飯店的經理、學校的校長，以及各行各業的技師，然後再進入附近的商店裡，一面跟人們交談，一面觀察這些人的身分，以及他們可能擁有的未來，再針對這個地方的問題，舉行演講。」

坎威爾博士知道，意見是否能傳達成功，就必需依靠談話時，是否能夠把聽者當成話題的一部分。號稱最受歡迎的演講《鑽石的土地》，所以沒有正本的演講稿留下，原因就在此。坎威爾博士對於相同主題，面對著不同的聽眾演講了六千次，他憑著對人類特質的洞察力，再加上勞心勞力，所以不曾有過完全相同的演講。

你不妨向這位博士看齊，對著不同的聽眾展開不同的演講吧！除此以外還有幾個法則，可以使你跟聽者之間建立起感情，茲列舉如下——

1．把聽眾關心的話題加進去

地方性的話題

坎威爾博士在演講時，一定會加入該地方獨特的東西，這樣大家就會傾聽坎威爾博士的演講，因為那些乃是聽者自己的事情，又跟他們的利害問題息息相關，如此一來，意思傳達就能夠獲得成功。

美國商業工會的前處長，如今是電影協會會長的易利克．強斯頓在演說時，就幾乎每次都能善用這種伎倆。

以下，就是坎威爾博士在奧克拉荷馬大學畢業典禮的致詞——

奧克拉荷馬這片土地，對旅行商人來說，等於是鬼門關，人們把奧克拉荷馬看成危險而永遠沒有希望的危險地域，不敢到此地旅行……這並不是很久以前的事。

實際上，在一九三〇年代曾經到奧克拉荷馬的烏鴉，就對著將到奧克拉荷馬旅行的烏鴉說：「除非你準備了充分的糧食，否則的話，還是不要到那兒為妙。」

那些烏鴉認為奧克拉荷馬只是美國新的沙漠地帶而已，根本就不可能開出任何的花朵，想不到進入一九四〇年代，奧克拉荷馬卻變成綠地，甚至被編成一齣音樂劇在百老匯上演而轟動一時。奧克拉荷馬也再度出現「雨停下來以後，微風一吹，麥田就會發散醇香，形成一陣激蕩的波濤」的情景。

僅僅在十年之內，這個黃金地帶就被玉米所淹沒。這是對信念的報酬，也是預先估計過的冒險代價。跟過去的荒蕪對照，再看看現在，才是綜觀事物的方式。因此我在訪問這一片土地以前，為了有所準備，便參閱了一九〇一年春季的「奧克拉荷馬日報」，如此一來，我方能夠感受到此地五十年前的生活方式。

結果，你認為我看了什麼呢？我看到的是該地居民對奧克拉荷馬未來的期待。

人們最關心的乃是他自己

這是坎威爾使用聽眾不得不關心的話題，從聽眾身邊引出例子而獲得成功的一例。不過他所說的話，並非單純的謄寫拷貝，而是為聽眾特別重新製作的。所以，只要談論聽眾本身的事情，聽者就不會離開談話者。

你不妨自問，你將提供給聽者的知識，能幫助他們解決問題到何種程度？然後再提供他們這種知識，如此的話，你就能夠引起聽眾的關心。

如果你是會計師的話，不妨以下面的話做為開場白——

「我來告訴大家一個報稅時可以節約五十元到一百美元的方法。」

如果你是律師的話，你就告訴聽眾如何書寫遺書吧！只要能做到這種地步，聽眾一定會對你的演講感到興趣。

英國新聞界名人諾斯克利夫，當他被詢問什麼事情最能吸引聽眾時，他答以：「聽眾本身的事情。」諾斯克利夫就是憑這個單純的真理，建築了他的新聞王國。

羅賓遜在其著作《精神的形成》中，把幻想定義為「自發性配合自己興趣的思考法」，他說：「在不著邊際的夢想之中，我們放任自己的觀念到處遨遊，其放任的程度，將由我們自發欲望的達成度以及挫折感決定，亦可以憑我們的好惡、愛情，以及憤怒等改變路線。反止對任何人來說，他自己本身的事情最能教他感興趣。」

費城的哈魯德・度瓦特在我們講座的結業晚餐會，輪流詢問圍繞著桌子的每一個人，他們在講座上第一次說話的情形如何？如今又有了多少進步？然後，他一面想起大家所討論的話題，學習其中幾個人談話的特徵，並且以誇張的方式表現出來，使大家笑得前仆後仰。

所以，只要善用這一類材料，演講或談話時，絕對不會遭遇到失敗。

發行冊數激增的祕密

幾年前，我的論文承蒙《美利堅雜誌》的連載，那時我逮住了一個機會，跟「有興趣之人」版面編輯約翰・修特爾先生交談了一個下午。

「人類是利己的動物。」修特爾先生說：「他們只對自己的事情感到興趣，而關於鐵路是否應該收回國營，他們幾乎一點興趣也沒有。他們急切想知道的事情，莫過於如何才能名利雙收？如何才能維護健康？如果我是這本書的總編輯的話，我一定會使用讀者最感到興趣的文稿，例如，牙痛的治療法、涼爽地度過炎夏的方法、佣人的差遣法、購置房產的訣竅、記憶法，避免文法錯誤的訣竅等，因為人類對這些跟自己息息相關的話最感到興趣。是故，告訴有錢人憑不動產大發財的文章也很理想。同時，我也會請教銀行及大公司的董事長，他們如何從一個小職員力爭到擁有權力及財富。」

不久以後，修特爾先生被任命為總編輯。在當時，那一本雜誌的發行量並不多，但

是修特爾依照他的方針進行，結果卻教人大感驚訝，發行冊數從二十萬冊升高到三十萬、四十萬……五十萬冊。因為該雜誌所刊登的是人們最感興趣的事情，所以每週看這本雜誌的人數達到一百萬，不久以後又增加到一百五十萬冊，最後終於達到兩百萬冊，為當初發行冊數的十倍！

下一次，當你跟聽眾面對面時，只要你說的話跟他們有關，你就可以獲得聽眾的熱情。只要你把聽眾的自我中心主義帶進你的話題，他們絕對不會感到厭倦而打呵欠，也不至於頻頻看手錶，或者急切的看著出口處。

2．展開正直而具有誠意的評價

拍馬屁只會帶來反效果

所謂的聽眾乃是由個人所形成，所以當然也會以個人的觀感，對你的演說產生反應，如果露骨地貶低他們的話，將招致眾怒。所以只要是他們做過的某件事情值得讚揚的話，就讚揚他們吧！如此一來，你就等於獲得一張進入他們內心的通行證。

為達到這個目的，演講者必需對聽眾的心理多少作點研究，因為如果你對他們說：

「你們是我碰到的聽眾中，最為聰明的一群。」反而很可能會招致他們的憤怒。

偉大的演說家傑恩・德畢曾經說過：「面對聽眾時，最好說一些聽眾想像不到的事情。」以下就是一個例子——

最近有一個人在巴爾的摩的Kiwanis Club（譯按・世界性的民間服務團體，一九一三年在美國發起）發表演說，他只知道波爾的摩分部的會員裡，有當初國際本部的會長，以及現今擔任國際本部的理事外，再也看不出其他特別的地方，而且對該俱樂部的會員來說，那兩個人的存在，一點也不教他們感到新鮮。於是，他想藉機提醒聽眾一下。

他說：「Kiwanis Club的巴爾的摩分部，為十萬零一千八百九十八個俱樂部中的一個！」聽眾認為他完全弄錯了，因為包括世界各地的分部，Kiwanis Club的分部只有兩千九百八十七個而已，不過演講者仍然繼續說了下去。

「不管大家相信與否，以數目字來說，此俱樂部乃是十萬零一千八百九十八個俱樂部的其中之一，不是十萬裡面的一個，更非二十萬裡面的一個，而是十萬零一千八百九十八個裡面的一個。」

「你們認為這個數字是從哪兒來的呢？那是因巴爾的摩的Kiwanis Club擁有往日的

國際本部會長，以及現任國際本部的理事，所以站在數學的觀點來說，Kiwanis Club的分部同時擁有國際本部前會長，以及現任理事長的機率，只有十萬零一千八百九十八分之一。我敢保證這個數字不會錯誤，因為在事先，我已經拜託一名叫約翰·霍布金的理學博士計算過……」

最重要的是，必需百分之百的認真，因為沒有誠意的談話，對象如果只有一個人的話，或許可以蒙混過去，但是即絕對騙不了廣大的聽眾。

「集合在此受過良好教養的聽眾們……」、「新澤西州荷荷卡斯的淑女們……」、「很高興跟大家見面，因為我對於你們每一個人都有好感……」這些非出自本心，聽起來肉麻的阿諛式開場白，最好儘量的避免。

3·必需使聽眾與你的共同點明確

使你跟聽眾的關係明確化

演講時，最好一開口就能明示你跟聽眾間的關係。英國前首相麥克米倫在任期內，曾經到印第安納州綠堡的帝堡大學對畢業生致詞，一開始他就以下面的開場白，牢牢地抓住了聽眾的心——

「我很感謝各位的歡迎，英國的首相從來沒有機會被邀請到這個學校，不過我被邀請到貴地，並非以身為首相為唯一的理由或主要原因。」

接著，麥克米倫提起他的母親是生於印第安納的美國人，而外祖父又是帝堡大學的第一期畢業生，然後他又說：「我能跟帝堡大學有因緣，又能夠在此地更新古老家門的傳統，我感到非常驕傲。」

之後，麥克米倫又以他的母親，以及祖父時代的美國開拓者的生活形態為話題，在聽眾中結交了很多朋友。

利用聽眾的名字

達成溝通的另外一種方法，乃是利用聽眾的名字。在某一次宴會裡，我坐在主賓的鄰座，這一位主賓對出席的人們感到好奇，在用餐時一直詢問司儀那位穿藏青色西服的仁兄是誰？戴著花帽的女士又是誰？一直到他站起來說話時，我才恍然大悟原來他是別有用意。

他在說話時，很巧妙的把記牢的名字派上用場，那些名字被引用的人也都面露喜色。他以這種簡單的技巧，使談話者跟聽眾之間萌出了友情之芽。

不過，應該注意的是，對於那些你不曾接近的人，你固然可以當場詢問別人，但是你必需再三確定那些名字沒有錯誤之後，方才可以派上用場；同時，你也必需理解你要

使用那些名字的理由，而且使用聽眾的名字，必需是出於好意，且不宜太過度。

不要說「他們」而說「你們」。欲緊緊地扣住聽眾的注意力，在使用代名詞的當兒，與其用第三人稱的「他們」，不如用第二人稱「你們」，這樣才能使聽眾始終意識到你的存在。除非你不想引起聽眾的關心及注意，否則一定要注意這一點。

為了做為大家的參考，我就把一個聽講生題目為「硫酸」的演說，介紹給大家——

硫酸以種種的形態出現，跟你們的生活息息相關，如果沒有硫酸的話，你的車子就會停下來，因為硫酸很廣泛地被使用於精製燈油以及汽油上，所以如果沒有硫酸的話，你們的家裡以及辦公室的電燈將無法點亮。

在要使用洗澡水時，你必需打開活栓，製造活栓時也非得有硫酸不可，即使你常用的肥皂，也是由硫酸處理過的油脂所製成；甚至毛刷的毛、纖維素製成的梳子，如果沒有硫酸的話，可能就無法被製造出來呢？你所使用的剃刀在被煉熟了以後，也必需放在硫酸液裡面浸過。

就連你早餐桌上的杯子以及盤子，除開那些純白色的製品以外，也都經過硫酸的作用；你所使用的湯匙、刀子以及叉子，只要是鍍銀的，也一定浸過硫酸液。

由此可見，硫酸的用途極為廣泛，不管你走到那兒，都免不了要應用到硫酸。

這位仁兄巧妙地使用「你們」、「你」等代名詞，使聽眾在他所說的話裡登場，藉此喚起聽眾的注意，成功的引發了他們的熱情。

沒有說教意味的「我們」

不過話又說回來了！「你」固然可以在演說者跟聽眾之間搭建橋樑，但是在某種情形之下，反而會加深兩者之間的鴻溝，尤其是在授課，或者居於高位而向聽眾說話時，最容易發生這種現象。這時，還是用「我們」或者「咱們」比較妥當。

美國醫學協會保健教育部長鮑爾博士，每逢在電視或者廣播上發表談話時，都會利用這種技巧。例如——

「我們都很想知道如何選擇良好的醫生，但是如果我們想受到醫生最完善的治療，我們就必需先做一個合作的好病患。」

4·把聽眾當成說話的夥伴

讓聽眾也扮演一個角色

你有沒有想過，只要稍微利用舞台演出的技巧，就能使聽眾被你的一言一語所吸引住呢！

強調某一個要點，或者為了把某種想法以戲劇性的方式表現出來，你不妨從聽眾裡面選擇一個助手，如此就不難提高聽眾的注意力。

意識到自己是聽者，而且又看到群體的一員將在演講者的安排下演出一個「角色」時，將會繃緊神經，因為他們很想知道此後會發生什麼狀況？

一旦發覺演講者跟聽眾之間有一道牆壁時，不妨讓聽眾也擔任一個「角色」，如此就不難打掉那一道牆壁。

例如，有一位演講者想說明踩住煞車到車子停下來為止，汽車必需滑行過多少距離，便請一名靠近講台的聽眾幫他說明汽車的速度對煞車距離的影響。這一名被指定幫忙的聽眾，手拿著鋼製卷尺，走了四、五呎後，隨著演講者的叫聲停止前進。看到這種情形，聽眾一定會被他的演說所吸引，再加上利用那個卷尺表示談話者的論點，更不難把談話者跟聽眾連結在一起。如果沒有這種類似「舞台的演說」，聽眾或許就會心不在焉呢！

質問聽眾 為了讓聽眾軋上一角，我喜歡請聽眾回答我的問題，或重覆我所說的重點，或者由他們來問我問題，再由我回答他們。《幽默文章的書寫法以及說話方式》的作者巴希・懷特，很重視聽眾參與的這種做法，因此他時常鼓勵聽眾針對某件事，投票或者問他問題。

巴希・懷特又說：

「演講者必需建立正確的想法，因為所謂的演講與背誦不同，它的意圖是引起聽眾的反應。演講者必需了解，聽眾乃是演講事業的伙伴。」

把聽眾看成共同事業的伙伴表現，我非常贊同，而這一點也就是理解這一章的關鍵。因為所謂給聽眾一個角色，乃是意味著給聽眾一個共同經營權。

5・切勿抬高自己

採取謙遜的態度 為使演說者與聽眾打成一片，「誠意」是不可或缺的因素。對

於無法跟信徒打成一片的牧師，諾曼・比魯問這位牧師：「為當你面對信徒說教時，到底是抱著什麼樣的感情？是否對他們懷著好意，一心一意想協助他們？或者把他們看成比你遜色（知識方面）的人物呢？」對於這個問題，該牧師一時無法回答。

比魯博士說，他一旦站在講台上面，總認為自己是跟台下的每一位聽眾面對面而談。通常聽眾對於學識較高，或者社會地位較高的演說者，都會很敏感。所以為了成為聽眾愛戴的演說者，最妥善的方法莫過於對他們採取謙遜的態度。

緬因州選出的上院議員愛德門・亞斯基，在波士頓美國司法協會演說時，就是採取上述的方式。其內容如下——

今晨，在下被賦予跟大家談話的任務，感到惶恐萬分。

第一，我知道大家都擁有各種專門資格，所以在人材輩出的大家面前，暴露我貧弱的才能，實在不是賢明之策。第二，因為這是早餐會，又無法建立自我防衛的形態，所以稍一不慎，很可能就是致命傷。第三，我對今天的話題感到迷惑，我將討論的主題是我身為公僕之後的所作所為，到底產生了什麼影響？而我既然是個從事政治活動的人，必然會與選民的意見，有很大的不同。正因為面對這些疑惑，所以我彷彿迷途而飛進裸體營的蚊子一般，不知道應該說些什麼才好……

亞斯基議員說了這段開場白後，做了一場無懈可擊的演說。

馬多烈・史蒂文遜在密西根大學開學典禮的演說，同樣也採取謙遜而自貶的說法，內容如下——

> 我最不擅長在這種場合說話，是故每次逢到這種場合，我就會想起沙謬爾・巴多勒說過的一句話，他曾經被指定以「最完善地活用人生」為題舉行演講，我記得當時巴多勒是這麼說的：「不要說人生，就是連如何最完善地活用十五分鐘，我都不知道呢！」我也一樣，如果有人問我如何有效地活用這以後的二十分鐘，我也會感到頭大呢……

活用人格的弱點

如果在聽眾面前誇示優越的話，一定會招致他們的反感。只要稍為疏忽的話，人格特徵往往就會活鮮鮮的暴露出來。尤其是高傲，更是一大「致命傷」，所以最好是對聽眾表示自己是一個不完美的人，不過你會盡最大的努力。如此一

來，聽眾就會對你萌生好感，同時也會尊敬你。

美國的電視界競爭非常激烈，而在激烈的爭鬥及淘汰後《劫後餘生》的老演員之中，愛德・沙利潘就是其中一個。他的本職並非電視演員，而是新聞記者，在如此競爭激烈的環境裡，他之所以仍然健在，乃是他一向不假裝內行的原故。

他面對攝影機時，顯露出的種種習慣，如果是發生於魅力不大的人身上，也許會造成很大的障礙。他習慣用手撫摸下巴，聳聳肩膀，甚至拉拉領帶。不過，這些缺點並不至於成為他的致命傷，即使沙利潘聽到別人批評他的這些缺點，他也不會憤怒。

不僅如此，每一季至少有一次他總會請一位能誇張他的缺點，並把那缺點完全地戲劇化的演員，跟他一起出場，逗逗觀眾，並且歡迎現場批評，而觀眾正是喜愛他這一點。觀眾以及聽眾都喜歡謙遜，對於喜歡出風頭，以及自我主義過重者，觀眾及聽眾都不歡迎。

湯馬斯夫婦在他倆合著的《宗教指導者活生生的傳記》裡面，如此描寫孔夫子——「孔夫子並不以淵博的學識蠱惑世人，他只不過是以包容一切的博愛，諄諄地教化人們罷了。」

如果我們能夠把這種包容一切的博愛擁為己有的話，我們就能獲得一把打開聽眾心門的鑰匙。

第三部

說話的四種目的

7．激勵聽著行動的簡短演說

沒有把目的弄清楚的主教

一位著名的英國主教，在第一次世界大戰中，曾經在軍營裡對士兵們演說。士兵們正在前往前線的途中，不過只有極少數的士兵明瞭他們為何會被送往戰場。

一位主教一直在談論「國際親善」以及「塞爾維亞擁有自決的權力」，可是約有一半以上的士兵，根本就不知道所謂的「塞爾維亞」到底是城市的名稱？或者是疾病的名稱？使得士兵們都感到索然無味。情形儘管如此，主教在演講時並就沒有一個士兵走出講堂。這也難怪，因為要防備士兵們逃跑，所以出口處都有憲兵在把守。

我並沒有貶低那位主教的意思。他是個地位很崇高的學者，如果是在聖職者的集會上發表演講的話，可能會發揮很大的影響力，不過面對士兵演講時卻是一敗塗地，原因在於他並沒有弄懂自己演講的真正目的，以及如何的達成這個目的。

說話的四個目的　我們所講的話，不管我們是否意識到，一定具有如下四個項目中的一種目的——

1．**激勵聽者展開行動的簡短說話。**
2．**提供情報以及知識的話。**
3．**抓緊聽者內心的話。**
4．**能當場使聽者眉開眼笑的話。**

我們就基於以上四點，一面循著林肯總統說話的方式，一面展開說明。

十九世紀中葉，林肯發明了一種裝置，這種裝置能夠把觸礁的船舉起來，他也因此取得了專利權。不過，知道這件事情的人並不多。林肯是在他自己的法律事務所附近的機械工廠製造那種裝置的模型，每逢朋友到他的事務所觀看那模型時，他都會不厭其煩的展開說明。這種說明的第一個目的，也就是提供知識及情報。

林肯在蓋茨堡的不朽演說，以及前後兩次的總統就職演說，甚至在亨利・克雷葬禮上的追悼致詞，都達到其主要的目的——引起大眾感銘之心，並且藉此得到聽眾的心。

林肯擔任律師的時期，他跟陪審團談話的目的，無非是要獲得有利的判決。至於所謂的政治演說，其目的則是為了獲得選票，也就是說服聽眾，慫恿他們展開行動。

在被選為大總統的兩年前，林肯以發明為主題到處演講。他的目的，無非是要讓聽眾快樂，即使結果不是他預料中的好成績，或是甚至連一個聽者也沒有。

不過，林肯其他的演講都非常成功，並且引人注目。其中的幾個，甚至成為令人感動至今的演說。這是為什麼呢？因為在展開那些演講時，林肯知道自己的目的，同時也曉得達成目的之方法。

被喝倒采的國會議員

在這個世界裡，有不少人正因為不能視場合而調整自己的目的，以致慘敗連連。

現在，我就要舉出一個例子。某一個國會議員在紐約遭受到冷嘲熱諷，觀眾不停的喝倒采，以致不得不草草下台，原因是他選擇了教訓人的題材演講。或許，他是在無意識之下才如此的做，但是太划不來了，因為聽眾不喜歡被教訓，他們只喜歡聽一些輕鬆惹笑的演講。

如果只是十到十五分鐘的話，聽眾或許還能夠忍耐，但是他一直又臭又長的講不完，所以聽眾在忍無可忍之餘，開始吹口哨，喝倒采，而且這位議員又很遲鈍，似乎沒

有察覺到聽眾的不悅，仍然繼續的說下去，才會使得聽眾更為不滿。這彷彿是一場戰爭，為了叫他下台，聽眾的噓聲甚至變成怒罵，連二十呎以內的人也聽不到他的聲音。最後他只好承認敗北，匆匆的鞠躬下台。

使目標配合集會

我們就再引用前例吧！其實，演講的目標必需配合集會與聽眾的性質才行。如果這一位議員在事前就檢討教育聽眾的目的，是否適合於政黨大會的聽眾，很可能就至於陷入那種窘境。

必需在仔細分析聽眾與集會的性質之後，方能夠從四個目的中選擇一個。

這一章所謂的重點在於敘述能夠激勵聽眾行動的簡短話語。其餘的三章，將分別敘述另外三個目的，也就是——提供情報與知識、使聽眾感銘，以及使聽眾快樂、眉開眼笑三個目的。

以上各個目的都有不同的處置法，以及非突破不可的障礙。一開始，我們就來談談在使用激勵聽眾行動的談話時，應該注意哪些重點。

只能碰運氣嗎？

對於我們希望聽眾做的事情，是否能夠預先整理材料，再把它傳達給聽眾，以便他們採取實際行動呢？或者，只需聽其自然，碰碰運氣呢？

一九三〇年代，當我的講座逐漸遍及全國時，我曾經跟助手們談論到這個問題。在當時，因為每一班的人數都很多，只好把聽講者的演說限制為每人兩分鐘。在這種限制之下，很不容易判斷演講者的話是否足以歡娛大眾？不過，以激勵聽眾實際行動的談話方式來說，則又另當別論了。

想要激勵聽眾實際行動的時候，如果採取古老的方式，也就是亞里斯多德以來，演說家所承襲的，包括導入、本論、結論等順序的構成法的話，根本就無法達到理想的效果。換句話說，必需在兩分鐘內以簡短的話語，就能夠使聽眾採取行動。

為此，我們在芝加哥、洛杉磯、紐約等地召開集會，我通知每一位講師都要出席。其中有大學教授、公司的重要人員，也有前途看好的宣傳、廣告人員。我希望能夠透過這一個智囊團，發現談話的新構成法。

魔術公式

我們的期待並沒有落空，經過我們詳論以後，產生了有關談話構成法的「魔術公式」，我們的講座立刻採用它，一直到今日仍然在使用。那麼「魔術公式」又是何物呢？其實，那是很簡單的一件事——

1．在一開始演講就舉出具體的實例，明顯的表達出你要傳達給聽眾的想法。

2．使用明確的字眼敘述要點，正確地說出你希望聽眾如何行動。

3・說出你要聽眾如此做的理由。再強調依照你的方法行動將能夠得到何種利益。

這種方式很適合講究速度的現代。談話者不必再耗費時間敘述前言，同時聽眾也都是大忙人，希望演講者「單刀直入」。人們已經習慣「開門見山」的談話方式，喜歡業已過濾的濃縮式談話以及文章。所有的這些，都很接近電視、雜誌以及報紙上面的廣告文句，一句一字已經被推敲過，絕對沒有多浪費一言一語。

只要你能驅使「魔術公式」，就一定能夠引起聽眾的注意，使他們牢牢記住你談論的要點。

「沒有時間，所以沒能充分的準備。」、「議長指定我談這個問題，使我感到非常惶恐。」千萬別以這一類話開始你的演講。不管是謝罪或者是辯詞，聽眾都不感興趣，他們只希望行動，所以如果你使用「魔術公式」的話，一開口就能夠打動聽眾的心弦。

使聽眾感到緊張

對於短時間的演說，採用這種方式最為理想，因為此種方式是以某種程度的緊張為基準。通常聽眾雖然會被你的話題吸引，但是到了演講快要結束的兩、三分鐘以前，聽眾仍然不知道你談論的要點在哪兒？所以當你對聽眾有某種要求時，最好使他們感到緊張，這乃是成功的必要條件。

「各位，我今天來此地，乃是要你們每一個人捐出五美元。」如果你以這種方式開頭，就算是為了價值再大的目的，聽眾也不會願意掏出錢包，甚至還會一窩蜂似的擠到出口處。

如果演講者訪問過醫院，把在那兒目睹到的悲慘事實說出來，例如，一個罹患重病的窮人必需到大都市的醫院開刀，但是經濟上不允許他如此做，以致一直受著疾病的折磨……再要求聽眾捐款的話，受到聽眾支持的比率將會無形中提高。所以，為了使聽眾依據你的希望行動，必需舉出實例才行。

李蘭德・斯多為了使聽眾支持「聯合國為孩童細訴」的主題，他應用了什麼實例呢？且讓我們來瞧瞧——

> 我希望在這一生裡，不會再遇到那種事情。眼看著孩子在死亡邊緣掙扎，我竟然無法給他一粒花生米，世界上還有比這更悲慘的事情嗎？我也由衷希望大家不會碰到那種悲慘的事情，以免畢生都有抹不掉的記憶……
>
> 在那個一月的某一天，雅典的勞工住宅區域，到處都殘留著轟炸的痕跡。如果你們聽到他們的聲音，看到他們痛苦的模樣……唉！天哪……偏偏那時的我，身邊

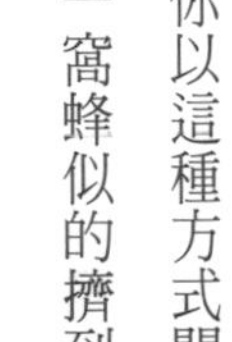

只有一個半磅裝的花生米罐頭。我試著儘快打開罐頭時，身上穿著破爛衣服的幾十個孩子，有如虎頭鉗似的撲到我身上不放。也有很多抱著嬰兒的母親推開人群，把手中的嬰兒推向我；只有皮包骨的小手，顫抖著伸向我，我只能在浩嘆之下，把一粒一粒的花生，儘量分配給更多的孩子。孩子們在狂亂之餘，好幾次抓痛了我的手。我的四周有好多的手，有乞求的手、抓著我的手，也有絕望的手……那些手都是痛徹人心的枯乾瘦小。我給這一隻手一粒花生米，給那一隻手一粒花生米……突然有六粒花生米從我的手中掉下去，說時遲那時快，有好幾個瘦小的身體，立刻重疊在那兒。我又一粒一粒的分配花生米，仍舊有好多的手伸向我……乞求的好幾百隻手……顫抖的手……希望的光芒就要熄滅的眼睛……我的手拿著空罐子，茫然的站在那兒……我由衷希望大家不會碰到那種事情……

應用心理學的道具

這種「魔術公式」也可以利用於書寫商業文章，逢到指示個人或者部下時，亦可使用它。身為人母者，若有意叫子女做某些事情，或是子女向父母撒嬌，想要索取某種東西時，照樣可以利用它。由此，你就不難明白，凡是在日常生活裡，你想要其他人「聽你話」時，你都可以把這種應用心理學的道具派上用場。

在廣告上，這種「魔術公式」時常被派上用場。「EVER READY」電池製造公司，最近就應用這種方式，製作了一連串的電視及廣播用的商業廣告。播音員舉出了一個男子夜歸汽車翻覆時，電池被善加利用在車子裡面的實例。他以栩栩如生的語調敘述了這個事故之後，又訪問了那一位被害者。被害者細訴幸虧他使用了照相機的閃光燈（利用EVER READY電池為電源），方才被路人發現，而倖免於難。

至此播音員方才說出「要點」與「理由」——「請大家多多使用EVER READY牌的電池，就能夠平安地度過災難。」據說這個真實的故事，乃是從該電池公司蒐集的很多真實事故中挑選出來的。

我並不知道經過那一連串的宣傳以後，該廠牌的電池賣出了多少，我只知道利用這種種「魔術公式」向聽眾提示事情時非常有效。

以下，我們就一步一步的來討論這個問題吧！

1．以直接經驗過的事情為實例

在佔據你談話時間大半的部分裡，你不妨敘述帶給你教訓的經驗。心理學者說，我

們學習的方式有兩種，一種是所謂「反覆的法則」——一連串類似事件的連續，能夠使我們的行動形式發生變化。另外一種則是「效果的法則」——就算是單一事件的印象，如果夠深刻的話，亦能使我們的行動產生變化。相信每一個人都體會過這些異常的經驗，因為這些經驗留置於記憶的表層附近，就算不怎麼用勁，也可以想出來。

我們的行動大幅度的被這類經驗所左右，只要把這一類的事件「再現」，即可當成影響他人行動的基礎。

為何會如此呢？因為人類即使接收到的是語言的作用，亦會顯示對實際發生的事情一般的反應。正因為如此，你必需在實例的部分，把你獲得的效果傳導給聽眾，使你自己的經驗再生。為此，你必需把自己的「實例」階段，儘量的使其鮮明、強烈而意味深長，以便感動聽眾，使他們感到莫大的興趣。以下，就是幾個例子。

一、把實例基礎的經驗限制為一個

只要你所描述的實例，是屬於你的人生裡，唯一給你最激烈衝擊的事情，那麼它就能夠緊緊的扣住聽眾的心弦。或許那一件事發生的經過僅有數秒鐘，但是在這極短的時間內，你一定學到了永難忘懷的教訓。

在不久以前，我們講座的一名學生道出了他企圖從翻覆的小船游到岸上的恐怖經驗。正因為聽到了這位學生的忠告，聽他演講的人都學會了一件事情，那就是碰到相同的災難時，絕對不要離開翻覆的小船，一直到獲救為止。

聽了這位學生所敘述的遭遇，我突然想起了一個翻覆的割草機傷害到孩子的慘事。因為這件事深深地烙在我的心坎裡，一輩子也忘懷不了，所以從此以後，每當看到孩子在割草機附近玩耍時，我都會嚴密的看顧他們。

我們的很多講師也在他們擔任的班級裡，聽到了可怕的經驗。為了防止同類的事情在他們家裡發生，他們也都採取了防範的措施。例如，一位聽到炊事中發生火警的講師，便開始在廚房中準備滅火器。

另外一名講師在所有裝劇毒藥的瓶子上貼了警告語，並放置於孩童拿不到的地方，因為他班上的一名學生說過一個很駭人的事實，那就是有一位母親遍找她的小孩而不得，待她費了九牛二虎之力，在浴室裡找到孩子時，他已經倒下去了，他的手上仍然緊緊地抓著一瓶劇毒藥。看到這種情形，她幾乎瘋狂了……

使你難以忘懷的教訓，只要你當眾說出來，它就會變成一股很大的說服力，能促使

聽眾把它付諸行動。既然是發生在你身上的事情，必定也會發生於他人的身上，所以聽眾們也會遵從你的忠告。

二、以具體性的描寫作開場白

使用「實例」開始演說的理由之一，乃是為了立刻抓住聽眾的注意力。有一些演講者一開始就不能引起聽眾的注意，是因為他一開始所說的話，不是反覆的文句，就是老套的辭令，或者片段性的辯解之故，例如，一開始就說：「我不習慣在大眾面前說話……」等等，這是會教人感到厭煩的，縱然不到使聽眾厭煩的地步，但是它吸引聽眾的力量也是很薄弱的。

如果你有意利用簡短的演說，藉此促使聽眾行動的話，那麼就不宜對聽眾說你在選擇談話的主題時碰到困難，或者準備不夠充分（即使你不說，不久以後聽眾也會發現。）更不宜有如佈道的牧師一般，把聽眾當成訓話的對象。

你不妨從一流雜誌或者報刊執筆者那兒，取得一些啟示，以實例開始演說，如此一來你就不難牢牢的捉住聽眾。

以下我就舉出幾則有如磁石般扣住我的心弦的開場白——

「那是一九四二年的事情，睜開眼睛時，我發覺自己正躺在醫院的病床上……」

「昨天吃早餐時，我的妻子把我的咖啡打翻了……」

「去年的七月，我以飛箭似的速度，在四十二號公路上開車……」

「辦公室的門被打開了，上司查理。潘斯衝了進來……」

「我在湖心垂釣。當我抬起頭來看看時，突然發現有艘汽艇正朝我衝了過來……」

如果你能夠以「誰」、「何時」、「何處」、「何故」、「如何」五個問題中的一句回答作為開場白的話，那麼你就是在利用最古老的意思來傳達手段，也就是說故事的手法了。

「古時候……」的開場白，乃是打開孩童想像力的咒文，只要你能依照這種方式喚起聽眾關心的話，你就能夠以最初的幾句話，牢牢地抓住聽眾的心。

三、把適切的細部描寫加入實例裡

所謂的細部描寫，其本身並沒有什麼樂趣可言。就像塞滿家具以及器物的房間一般，根本就沒有什麼魅力可言，也像描繪沒有必要的細部的圖畫，看起來更教人不舒服。同樣的道理，演說及會話裡，若包含太多的細部描寫——不重要的細部，只會讓聽

者感到厭煩。其實，只要選擇能夠強調談話要點以及理由的細部描寫就行了。

如果你想提醒聽眾長期旅行以前必需仔細檢查車輛的話，那麼你所做的細部描寫，必需跟你忽略檢查車輛以致發生事故的經過有關聯才行，而不宜大談風景有多美，到達目的地後你又做了一些什麼……否則，將會掩蓋重要之點，使聽眾的注意力分散。

然而，具體的使用生動語言所表現的細部描寫，都反而能夠使你的遭遇再現，讓聽眾感覺彷彿是在他們眼前發生似的。不過話又說回來了！如果是因為疏忽而發生事故的話，那就未免太唐突了一些，如果想藉此警告聽眾開車時應該多加注意的話，效果將微乎其微。

如果你能使用訴諸感情的字眼，描寫你認為是恐怖的經驗的話，那麼這件事情將有如銅板畫一般，牢牢地烙印在聽眾的意識裡。

以下就要介紹一個例子。這是一位學生的演講，他的主題是「冬天在道路上開車，必需格外小心」，他以發生在自己身上的實例，生動的把當時的情形描寫出來——

一九四九年耶誕節即將來臨的早晨，我在印第安納州四十一號公路上朝北開著車。車上坐著我的妻子，以及兩個孩子。那時，我已經在平滑如鏡的冰上有如爬行一般，開了幾個小時的車。我只要微微的碰觸到方向盤，我那一部福特車子就會向側面滑去。因為冰面難行，路上的車輛都慢吞吞地開著，沒有一部車想越過前車。由於車行速度很慢，我覺得簡直是度日如年。

突然間，我們進入了冰雪已溶化的寬廣道路。我為了爭回浪費掉的時間，猛踩油門。其他的駕駛者亦復如此，大家都想搶先一步到芝加哥。危險的緊張感業已消除，兩個孩子在後座開始唱歌。

道路突然變成上坡路，進入了森林地帶。爬到最高處時，車子仍然在快速的前進，待我看清楚前方是下坡路時已經太遲了，北側的下坡路因為陽光還照射不到，道路上面仍然結著冰。我前面的兩部車子有如發狂一般向前飛馳，接看我的車子也失控，雖然沒有翻覆，但是也衝進了雪堆裡面。後面的一部車也滾了下來，撞到我車子的側面，震破了我的車窗，玻璃碎片灑向我們……

這個實例由於加入了很多的細部描寫，所以聽眾彷彿就在當場似的，臉上的表情也隨著演講者的描寫而不時的變化。想達到這種效果的唯一方法，乃是把具體性的細部豐富的添加進去。你可以利用「言語描繪圖畫」的方式，刺激聽眾視覺方面的想像力。

四、一面談過去的經驗，一面再度體驗它

加上活生生的細部描寫，可以使談話者再度體驗自己正在敘述的經驗。到此，所謂的談話一事，方才能接近具有姊妹關係的行動。凡是偉大的談話者都具有一種演員的特質，然而這並非特別的才能，也不是雄辯家才具有的特色。大致上說來，孩童都具有這方面豐富的才能。

我們身邊就有不少人善於模仿別人的表情以及動作，而這些都是使事物戲劇化的貴重才能。我們幾乎每一個人都或多或少具有這方面的才能，只要稍為努力，即可發揮這種才能。

在你的經驗談加入越多的動作以及表情，越能夠給聽眾強烈的印象。不管加入再多的細部描寫，如果談話者不熱心的把經驗重現的話，他所說出來的經驗就不會動人了。想說出火災情形的話，不妨在提起消防人員救火時，順便說出旁觀者驚慌之語；如果你要談及跟鄰居吵架的事情，那你就在內心再體驗一下再把它戲劇化吧！如果你有意談談溺水時，那你就讓聽者也能體會到那種恐懼的絕望感吧！

舉出實例的另外一個目的，不外是想使你說的話教人難以忘懷。只要那個實例牢牢

地打進聽眾的心坎，他們就不會忘記你所說的話，以及你所忠告的事情。

人們所以會時常想起華盛頓總統的正直，乃是維伊姆的偉人傳中，把華盛頓幼時砍櫻桃樹的事件描寫得很深刻，教人留下強烈的印象；新約聖經所記載的種種能夠成為倫理模範的行為，是因為那些實例都足於打動人心，例如「善良的沙馬利亞人」，就是一個好例子。

把經驗談當成實例引用不僅能夠省去「記牢」的麻煩，更能夠使你的談話富於說服力，同時也能使聽眾感到趣味盎然，更能夠使他們容易理解。由你的人生教訓構成的經驗談，一定能夠使聽眾感到新鮮。到了這兒，你已經來到了「魔術公式」第二階段的關卡了。

2．「要點」說出你希望聽眾做的事情

說出「實例」的階段，大約已經耗掉了四分之三以上激勵聽眾行動的時間。假設你演說的時間為兩分鐘，那麼說完實例時，所剩餘的時間只有大約二十秒鐘。在這一段時間內，你必需說出對聽眾的要求，以及如此做了以後能夠獲得之利益。到了這個節骨眼

上，不必詳細的敘述，只要率直的說出你的主張就行了。

這種做法跟報紙的報導剛好相反。報紙的消息報導都是先寫出大標題，再做細節報導，而演講則是先說出「故事」再提出「要點」，慫恿聽眾採取行動。這個階段，是由以下三個法則所支配的——

一、具體而簡短的敘述要點

告訴聽眾你希望他們做一些什麼事情時，必需是嚴密而正確的敘述，因為聽眾只會做他們明白地理解的事情。當聽眾既然有心依照你的實例行動時，那麼你就得簡單扼要的把你的意思表達出來。

此時，你不宜太直接了當的說：「請大家幫助孤兒院裡窮苦的孩子。」最好說：「我們在這個星期天上午，計劃帶二十五個孩子去野餐，請大家在參加的名單上面簽名。」也就是不要說出含糊的精神層次行動，必需要求眼睛所能看到的明顯行動。

例如，「有時，大家也該想念一下祖父母。」的說法，就實在是過於概念性，應該說：「請大家在這個星期天專程去拜訪祖父母。」同理「大家來愛我們的國家」也可改為「下個禮拜二請大家一定去投票。」

二、使聽眾容易展開行動

不管是哪一種問題，演說者的義務不外是把問題的要點以及要求聽者的行動，簡單扼要的表現出來，以便聽眾容易理解，以及容易展開行動。為了達到這個目的，最妥善的方法乃是把你的要求具體的說出來。

如果你要聽眾增強對人名的記憶力，就不宜說：「好吧！現在我們就來增加對人名的記憶力。」而應該說：「下次你碰到一個新朋友時，不妨在五分鐘內重複唸他的名字五次。」

具體地提示要點的演講者，比起依靠一般理論的演說者來，更容易使聽眾感動。「請你在室內桌上的探病卡片上面簽名。」這種說法，比起漠然的對朋友說：「寫一封信去安慰住院的某某人。」更有效果。

到底以肯定的方式敘述要點好呢？或者以否定的方式敘述要點比較妥當？關於這一點，必需站在聽眾的立場決定。

否定的敘述方式，並不一定會削弱效果。有時，把必需避免的態度巧妙地大略說明，反而比肯定的敘述法更具有說服力。例如，「不要做一個偷燈泡的人」（當辦公室

或者家裡的燈泡壞掉時，默然的取下別處的燈泡，跟壞掉的燈泡交換）這一句話，乃是幾年前銷售電燈泡的廣告文句，就曾經帶來了很大的效果。

三、信心十足地說出要點

所謂的「要點」也者，乃是演講的最終目的，是故非得信心十足地說出來不可。恰有如報紙的標題使用醒目的字體表現一般，對於聽眾的行動要求，也必需以活潑的語調，率直的強調出來。對於你真摯的陳述，聽眾一定會感動，所以絕對不能畏縮怯場。在「魔術公式」的第三階段，這種毅然的說服力是必要的。

3．提示聽眾所期待的理由及利益

到了「理由」的階段，簡潔扼要仍然很必要。你必需明確的說明只要聽眾實行你在「要點」階段所要求的東西，就可以期待何種報酬以及利益。

一、理由必須配合實例

關於在公眾演說時的聽眾誘導方面，前面已經提過許多。演說的主題越具有擴張性，對說服聽眾行動的演講者越有利益。本章的主題是「激勵聽者行動的簡短話語」，所以到了「理由」的階段，就必需以一、兩段簡短的談話，把那種行動所能獲得之有利點一再的強調。這時，最重要的是要把實例的階段所示的有利點合而為一。

例如，以購買中古車能夠節省金錢的經驗，而勸導聽眾購買中古車的時候，在談及「理由」的階段時，就要強調購買中古車能夠獲得的經濟利益。至於具體之理由方面，最好以中古車裡面有一些車子的外觀比最新型的車種還好等說法較佳，不能離開一開始所說的實例。

二、只強調一個理由

一般的推銷員對於為何必需購買某一種商品，往往可以舉出五、六個理由。同樣的，為了強調你說的「要點」，你也可以舉出很多理由，而且所有理由都跟你所舉出的實例有關係。不過，最好只舉出一個很明顯的理由，再把所有的好處歸在這個「理由」

裡面，因為結束語非得有如雜誌的廣告文案，既簡短又明快不可。

只要多加研究費盡心思的廣告文案，你就不難使說話的「要點」與「理由」更為精練。尤其是那些發行量很多的雜誌所刊登的商品廣告，就極少舉出兩個以上非買不可的理由。同一家公司對於某種製品，為了向大眾訴說購買製品的有利點，會同時使用電視以及報紙等傳播媒體，然而不管是聽覺或者是視覺性的廣告，在同一個廣告裡，絕對不使用不同的訴求方式。

只要你研究一下雜誌以及電視的廣告，再分析其內容的話，就可以驚訝的發現，廠商為了說服消費者購買他們的產品，一直是使用「魔術公式」。同時，你也會察覺到，它也是把廣告及商品包紮起來的漂亮緞帶。

關於舉出實例方面，還有很多別的方法，例如，使用展示品實際操作、引用權威者的談話，或者利用比較、統計的方式。關於這方面，我將在〔第十三章〕詳細的說明，本章只道及個人經驗以及實例的公式。

簡短扼要的談話方式，最能引起人們的興趣，而且也容易懂，因為那是富於戲劇性及說服力的方法。

8．提供知識與情報的說話方式

不知所措

往日，曾經有一位美國政府的高官，談話時好像沒有主題，含含混混，籠統而不明確。在沒有人知道他到底要說什麼時，他仍然我行我素，一直談論個沒完，使得上院調查委員會的人們坐立不安……或許你也碰到過這一類人吧？

亞賓議員在聽那一位高官談話時，突然想到了一個居住於卡羅萊納州的男子。這個男子有一天到律師家裡，提出他要跟妻子離婚的事情。其實，這位妻子長相很美，非常善於烹飪，可說是模範妻子。關於這一點，那一個男子也承認。

「你為何要跟那麼好的妻子離婚呢？」律師問他。

「因為，她一旦說起話來，就不知道停止。」那個男子回答。

「她到底說了些什麼呢？」

「問題就在這裡。」那個男子回答：「我一直弄不清楚她在說些什麼話！」

這種現象不僅教配偶感到頭痛，就是聽眾碰到這種演說者，也會感到頭大，因為聽眾無法理解他所說的話，而他也不想把自己要說的話明確化。

在〔第七章〕，大家都學到了利用簡短的話，誘發聽眾行動的公式。以下，我就要告訴你想要告訴聽眾某些事情時，如何把你想說的話，明確地傳達給對方。

明確的表達能力為現代人必備的條件

我們每天都不斷的在傳達知識以及情報，例如，指示、說明、報告等都是。而在演講當中，則是以通知、教導為目的者佔大多數，僅次於說服。尤其是激勵行動之類的話，在頻度中更是佔了第二位。可見，明瞭清晰地說話的能力，能夠便聽眾感動，而引起他們行動的欲望。

美國首席產業經營者歐茵・楊，對於明確地表達的必要性，作了如此強調——

每一個人越能培養被他人理解的能力，越能夠為自己開拓做為一個有用社會人的機會。以現代社會來說，即使是極為簡單的事情，還是需要彼此的協力，至於人與人之間彼此的理解，更是一件非常必要的事情。言語是理解的主要傳達工具，所以我們絕對不能含混籠統的使用它，必需學會明確地使用它。

在這一章，為了使聽眾很容易理解你的談話，將介紹幾則明確地使用語言的祕訣。

1．配合時間限定話題

用一天就能讓旅客遊完巴黎的笨蛋

威廉．詹姆斯教授在以教師為對象的講課途中，休息了一陣子，然後再敘述……如此為時一個小時的一節課後，也只能使一個論點明顯化罷了。但是到了最近，在限定三分鐘的演講課程裡，一名學員竟然聲稱他能在三分鐘內就十一個要點引起聽眾的注意。如此說來，各個論點就只能分配到十五、六秒鐘！想不到一位富有教養的人，竟然說出這種根本就不可能辦到的「夢話」，實在教人不敢相信。

當然啦！這是一個比較極端的例子，但是縱然不到這種地步，類似這種過失也幾乎荼毒了大部分的初學者。這種作風，就彷彿想在一天裡帶旅客看完整個巴黎似的，如果要做的話仍然做得來，就像有意在三十分鐘內繞完美國自然博物館的話，也仍然繞得完，不過內心裡卻不可能留下清晰明確的印象。

多數的演講者所以慘敗收場，乃是他們在有限的時間內，想在處理的主題裡面創下

世界新紀錄的原故。他們有如從一塊岩石躍到另外一塊岩石的羚羊一般，從一個論點飛躍到另外一個論點。

例如，以勞動工會為主題演說時，就不宜在三分鐘或者六分鐘之內，談論如何解決勞資紛爭、工會的起源和策略，以及工會的功績、困境等，因為如此做的話，將沒有一個人能理解你所說的事情，結果不但會使聽眾感到混亂，甚至會產生模糊、膚淺、籠統的概念。

若能從工會眾多問題的層面中選擇一個為主題，再找出例證來談論，如此就能夠給聽眾完整的印象。

有一天上午，我去拜會一位熟識的公司負責人，想不到他的門上卻寫著一個陌生的名字。隔了一會兒，我的舊友，也是那一家公司的人事部長，他告訴我：「瓊斯現在跟他的名字一樣……」

「跟他的名字一樣？」我十分不解地反問：「瓊斯不是公司所有者瓊斯家族中的一員嗎？」

「我是指他的綽號。」我的朋友說：「他的綽號是『你在何處』，大家都稱呼他『你在何處』瓊斯。此人絲毫沒有耐心，根本就不想去了解他份內的工作。雖然每天都待在公司裡，然而一年到頭只懂得在公司裡面晃來晃去，好像要打破步行距離的記錄似的。他並不認為公司人員有研究推銷術的必要，反而很在意誰在不工作時沒有關掉電源、打字小姐把迴紋針掉在地上等等。因為整天都在公司裡打轉，不在他的辦公室，所以全公司的員工都稱他為『你在何處』。如今，他的堂弟接掌了公司，他已經被逐出公司，沒有人知道『他在何處』……」

緊緊抓住主題

聽到了「你在何處」瓊斯的故事以後，我又想起了很多不能充分發發力量的演說者。這些人因為不能律己，所以不能如願。這些人都跟瓊斯相似，想涉及很廣泛的領域，以致當他們在說話時，聽眾根本就摸不透他們的主題在哪裡？

即使是富於經驗的演講者，有時也會犯這種錯誤，其原因很可能是由於他們過於重視事實，而盲目地分散了注意力。所以為了不重蹈他們的覆轍，你必需緊緊抓住最重要的主題。只要你能夠明確的表示自己的主張，就能使聽眾理解，並且知道「你在何處」？

2・按照順序整頓思想

一切的東西都有順序

幾乎所有的主題，都必需基於論理（根據時間、空間以及特殊的話題）的順序發展。如果以時間為順序的話，那就可以基於過去、現在、未來三個範圍考慮主題，亦可以從某一天開始，再從這一天向前回溯，以及向後推進。例如，涉及某製造工程話題的話，那就可以從材料的階段開始，再經過加工之類的工程，一直說到完成品的階段為止。至於詳細的程度，那就要看你有多少時間了。

至於空間關係方面，你可以先安定一個中心點，再以它為基準，展開整理的工作。待從中心點走出以後，你就可以按照東西南北的方向，把話題涵蓋起來。譬如描寫華盛頓市，便可以把聽眾引導到國會大廈的屋頂，再對他們說明各方向著名的建築物以及自然景觀。如果是描寫汽車或者噴射引擎的話，那就不妨把它們分解，再說明構造部分。

主題裡面有些是具有不可移動性的順序。例如，欲解說北美合眾國政府的機構的話，那就受必須依照其固有的組織規範，把立法、行政、司法各機關區別開來討論，如此才能夠給聽眾清新的印象。

3．要點附上號碼再列舉

希望聽眾對你的話有整體概念的話，最簡單的方法莫過於在從最初的要點移到其次的要點時，條理分明的交待清楚。

「第一個要點是……」即使是如此明確的指出順序也不要緊。待你說完一個要點，移到第二個要點時，最好率直的說出來。一直到最後，都不妨採取這種方式。

拉爾夫．潘吉博士擔任聯合國事務長的助理時，曾經用以下的方式，在紐約的羅傑斯達俱樂部舉行演講——

「今夜，我要基於兩個理由，針對人際關係的課題說一些話。第一……第二……」在演講中，拉爾夫博士把要點一個接一個地分別說明。

「我們絕對不能失去對人類為善的潛在力量之信賴。」他所舉出的這個結論，使聽眾的內心產生了二個非常具體的印象。

經濟學家保爾．道格拉斯在上下兩院聯合委員會（講求振興商業的手段）演講時，也使用了相同方法的變形，獲得了良好的效果。

當時，美國正陷入商業不振的境地，於是他以稅務專家以及伊利諾州參辦員的資格發表演說——「我的論點如下：想要快速而有效的振興商業，就必需針對下層及中層，也就是對所有的消費階層，實施減稅政策。」

「尤其是……」他繼續說：「而且……再加上……」隨後，他又附加了一句：「我有三個主要理由，第一……第二……以及第三……」

最後，他才以一句話做為結論：「總而言之，為了增進購買力起見，我們當前的要務乃是針對下層以及中層的所得階級，迅速的實施減稅政策。」

4．用大家熟悉的東西做比喻

當你抓不到頭緒時

有時，一心想說明自己主張的東西，但都往往抓不到頭緒。

你雖然懂得自己的主張，但是為了使聽眾跟你一樣明確的理解，你就必需清楚的加以說明才行。那麼該怎麼做呢？最好的方法是提出聽眾熟悉的東西，跟你想要說的東西比較一下。你不妨告訴聽眾：「我想要說的事情，跟大家所熟知的某種東西一樣……」如此就可以使聽眾更容易理解了。

譬如，當你想針對觸媒（催化劑）這種對於產業有很大貢獻的化學現象發表演說時，你就不妨比喻觸媒是一個頑皮的孩子，他不斷的毆打別的孩子、惹惱他們、撞擊他們、戲弄他們，可是他本人卻不曾被打過一次……所謂的觸媒就是這樣，本身不會變化，但是會使其他物質發生變化。

傳教士的翻譯

當傳教士要把聖經譯成非洲土著的方言時，曾經碰到很大的困難，因為他們必需把土著完全陌生的東西，翻譯成他們容易懂的語言。

這些傳教士都很明白，如果依照字面翻譯的話，那對土著完全沒有意義。例如，「你的罪有如血一般的紅，你必需把它弄成雪一般的純白。」這句話，能夠按照字面翻譯嗎？恐怕不妥，因為土著無法把叢林裡的青苔跟雪區分開來。不過他們時常去摘取椰子，於是傳教師利用這個已知的東西比喻未知的東西，而翻譯成，「你的罪有如血一般的紅，所以你必需把它弄成像椰子肉一般的純白。」

一直到目前為止，我仍然找不到比這一句更為巧妙的翻譯。你以為如何呢？

一、把事實變成圖畫

地球到月球有多少距離？到太陽又有多少距離呢？到最近的星球又有多少距離呢？

關於這一類的問題，科學家習慣以數字答覆，即使是對於宇宙旅行的問題亦復如此。但是，科學解說者以及作者都知道，這並非向聽眾表明事實的正道，於是他們採取把數字變成圖畫的方式。

著名科學家傑姆・瓊斯，對於人類開發宇宙的熱情甚感興趣。不過，當他道及有關宇宙的一切時，數字的應用是限於極小的範圍，因為他很清楚如此說明，才能獲得最良好的效果。

傑姆在他的著作《環繞我們的宇宙》中指出，包括地球在內的太陽系行星非常的接近，而環繞宇宙的其他行星到底在多遠的地方，我們則無法測知。「即使是最接近的行星（普洛克希馬），也距離地球二十五兆英里！」傑姆如此寫著。

為了使這個數字更為顯明，他如此的說明：「就算以光速從地球出發，仍需費時四年三個月才能抵達普洛克希馬行星。」

相比之下，說明阿拉斯加的廣大似乎較為簡單。一個演講者曾經形容阿拉斯加廣大的幅員共有五十九萬八百零四平方英里。

只憑這個數字，能夠使人想像到美國第四十九州的廣大嗎？我可無法想像它有多大。一直到有人對我說，阿拉斯加的大小等於賓州、新漢普頓州、緬因州、新澤西州、德州、馬里蘭州、西維吉尼亞州、北卡羅萊納州、南卡羅萊納州、喬治亞州、弗羅里達州、田納西州、密西西比州面積的總合時，我方始體會到阿拉斯加的廣大。

如此的形容，不是給五十九萬八百零四平方英里，帶來了更為嶄新的意義嗎？如此一形容，誰都能夠恍然大悟，阿拉斯加的幅員竟是如此廣大。

幾年以前，我們的一名學生把公路上發生的一場車禍，以及可怕的死亡人數，形容成地獄一般的景相——

「現在，你正從紐約橫斷美國大陸，朝向洛杉磯開著車。你不妨把路旁的交通標誌想像成棺材。每一具棺材裡，都裝著一名去年的車禍犧牲者。你開的車子，每隔五秒鐘都會經過一個像這種陰氣沈沈的標誌。如果以一英里十二個棺材來計算的話，足足可從美國大陸的這一端排列到另外一端！」

自從聽了這段話以後，每逢我開車時，眼前就會浮現那位聽講者所描繪的景象。

這是為什麼呢？那是因為訴之耳朵的印象，不怎麼會殘留於記憶之中，恰如樺樹光

滑的表皮一般，很容易被雨雪沖刷掉。但是，訴之眼睛的印象可就不同了。

兩、三年前，我在多腦河畔看到一顆砲彈夾在古屋的牆壁。那是拿破崙指揮之下的砲兵隊，在烏爾姆戰役時射出的砲彈。視覺性的印象恰如這顆砲彈以猛烈的力量撞擊牆壁，然後牢牢地「吃進」牆壁裡面，一旦「吃進」去，就是用任何千斤頂，也拿它不得了。

二、避開專門用語

如果你從事律師、醫生、技師等高度專業化工作的話，當你面對跟此職業無關者談話時，最好儘量以平易的言語表現自己，把那些必要的事情儘量的詳細說明。

反正，在談話時你必需比一般人更為小心翼翼就是了，因為在這方面失敗的例子非常多。這些從事專門職業的人，似乎不曾察覺到聽眾對他們的專門分野完全無知。結果呢！他們只是一味的談論那些自己才懂的話。如此一來，對外行的聽眾來說，將會感到莫名其妙，有如丈二和尚摸不著頭腦。

用孩子也能聽懂的敘述方式

那麼，上述的演講者應該採取哪一種談話方式呢？

以下就是印第安納州上院議員畢伯利傑的忠告，你不妨做為參考。

你不妨從聽眾裡面選擇學識最差的人，努力使這個人對你的議論產生興趣，如此就是最良好的練習法。你必需明顯的敘述事實，把你的想法以淺顯的方式向他表示，方始能夠跟他溝通；或者當你跟孩子在一起時，也可以把焦點對準他們勤加練習。此外，你也不妨可以在事前，先向聽眾表明願意以最淺顯的方式演說的誠意。

我們講座上的一名學生是位外科醫生，當他在演講的途中突然說：「橫隔膜呼吸對腸的蠕動有幫助，乃是健康的一大福音。」後，又立刻改變話題，很快的就要講其他的話。這時，講師請他暫停，調查了一下知道「橫隔膜呼吸跟其他呼吸有何不同？為何這種呼吸對健康有益處？」以及「蠕動又是什麼？」的人數，結果呢？根本就沒有人舉手。醫生感到非常的驚訝，於是才展開說明——

> 所謂的橫隔膜也者，乃是位於肺的下部，腹腔頂端，形成胸底的薄弱肌肉。不活動它，而採用胸式呼吸時，橫隔膜就彷彿朝下的洗臉盆一般，呈朝下的弓形。
>
> 採腹式呼吸法吸入空氣的話，這種弓形肌肉會朝下被壓平，以致予人一種胃部肌肉被腰帶壓迫的感覺。這種橫隔膜的運動，能夠按摩胃、肝臟、脾臟、大腸神經叢等腹腔上部的器官，並且刺激它們。吐氣時，胃橫隔膜則會被抬高，此種按摩作

用能促進排泄作用。

健康不良，在極大多數的場合，原因都在腸部。是故，只要時常做深度的橫隔膜呼吸，胃及腸部時常運動，一般性的消化不良、便祕、身體中毒等都會好轉，甚至痊癒。

說明「除霜」的兩種方法

不管是說明什麼東西，最好的方式乃是出簡單逐漸的移到複雜。例如在一群主婦面前說明冰箱為何非除霜不可時，如果採取下面的方式，就一定會招致失敗——

「冷卻的原理，乃是基於蒸化器會從冰箱內部吸熱的緣故。隨著熱氣被抽出，產生出來的濕氣會附著於蒸化器，一旦增厚，就會使蒸化器絕緣，馬達就會增加回轉的次數。」

如此說的話，很難讓主婦們理解。如果從家庭主婦習慣做的事情開始的話，她們就比較容易理解——

「妳在冰箱的哪一部分冷凍肉類呢？妳當然也知道冷凍室最容易結霜，所以為了使冷凍卻至發揮良好的機能，平日就得把厚厚的結霜除去。那些包圍冷凍室的霜，就彷彿臥房裡包裹妳的毛毯，或者等於塞在妳家牆間的石綿，以保護妳的房子免於受到外界的破壞。結霜越厚，冷凍室就會從冰箱中吸取熱氣，以致難以保持冰箱的冷卻度。如果使用冰箱附帶的自動除霜裝置，霜就不會變成很厚。如此一來，馬達也就不必頻繁的轉動，減短每一回轉動的時間。」

使用後就要說明

關於這個問題，亞里斯多德已經給我們很好的忠告。他說：

「以賢者的方式思考，以三十人的方式表達。」

就算是非使用專門用語不可，也必需把該用語所包含的意義，耐心的向聽眾說明，直到每個人都能夠理解並且使用它。

一位股票經紀人，在一群想學習金融投資的婦女面前談話時，一直使用平易近人的言詞，以會話一般的方式進行「授業」，使她們感到輕鬆愉快。他的說明很明快，不過專業術語例外，例如，支票交換所、持權者交易、償還抵押、買空、賣空等用語。如果不使用這些用語的話，他的話一定更具魅力。

不過，這並非意味著不能使用專業術語，只是使用以後，必需立刻說明。所謂的辭典就是因此而產生的。

5．使用視覺性的輔助手段

利用圖畫及照片補充說明

從眼睛通到腦部的神經，比起從耳朵通到腦部的神經，具有好幾倍的力量。科學家已經證明，視覺方面的刺激比起聽覺的刺激來，要強大二十五倍。

有道是「百聞不如一見」，視覺的刺激確實遠超過聽覺的刺激。

是故，欲使你的談話明快逼真，就得把想法視覺化，這正是NCR創始者約翰．巴達森所採用的方法。巴達森曾經在《System magazin》上面發表一篇文章，說明他跟公司職員以及推銷員談話的方式——

我認為說話者希望對方理解自己，或者想引起聽者注意的話，單依靠語言是不夠的，還需要戲劇性的補足。當你要說明哪一方正確哪一方錯誤的時候，最好盡可能的利用圖書以及照片來補足，這才是聰明的做法。因為，圖表比起語言的說明來，更富於說服力，而照片及圖片則比圖表更具有說服力。

想要說明某一件事情的時候，最理想的方式莫過於在重要的地方，採用照片或圖片來表示，而言語只用來連結它們之間的關係。

其實，我很早就知道在與別人溝通之際，使用照片以及圖片的做法，遠比使用語言更為有效。

使用圖表及展示物時應注意的事項

使用圖表的時候，必需先確定一下它的大小是否合適，同時也不要接二連三的把圖表拿出來，否則反而會使人感到厭倦。若想一面談話，一面畫圖的話，那就得快速的在黑板或者白紙上面描繪。聽眾並不想看偉大的藝術作品，因此可以省略的地方就儘量的省掉，只要大略地描繪就可以。一面描繪一面講解時，也最好常常看著聽眾。

大體說來，使用展示物時應注意的事項有下列八種，茲分述如下——

1．一直到使用為止，展示物必需放置於聽眾看不到的地方。

2．展示物必需大一些，以便最後一排的人也能夠看到，如果看不到的話，聽眾就不能從那個展示物上學到什麼。

3・在你的談話當中，不宜使展示物巡迴於聽眾之間，以免製造競爭對手。
4・使用展示物時，必需高高地舉起來，以便全部的聽眾都能夠看得見。
5・請你牢牢記住，一個會移動的展示物，具有十個不會移動的展示物的效果。如果能夠使用的話，最好是在當場實際演出。
6・在你談話的時間內，不要一直看著展示物，因為你想溝通的對象是聽眾，並非展示物。
7・對展示物的說明完畢以後，最好把它放置於看不到之處。
8・如果想憑展示物的神祕性取得效果的話，那就把它放置在一旁的桌子上面，並且覆上東西。在你談話的途中，不妨說一些能引起聽眾好奇的話，但是絕不能說出覆蓋物中的東西是何物，如此一來，一直到取下覆蓋物為止，聽眾都會充滿好奇心以及強烈的注意力。

視覺方面的材料，可做為增加談話明晰度的手段，事實上目前它也日漸的受到重視。為了使聽眾理解你所說的話，這可說是一種最為確實的方法，因為它可以使聽眾透過他們的耳朵，以及透過他們的眼睛，理解你的內心。

使說話明晰的熱情

在使用語言方面極為出眾的兩位美國總統，都不約而同的認為，明晰的說話能力乃是依靠自我訓練而獲得。

誠如林肯總統所說的，每一個人都必需具有使說話明晰的熱情。

很早以前，林肯就曾經對諾克斯大學校長卡利巴博士，透露他如何培養這方面的熱情——

> 我在幼年時期，無論什麼人使用我不能理解的語句對我說話時，都會教我焦急不耐。我從來不曾為其他事情動過怒，唯有這件事往往會教我怒不可遏，即使到了現在亦復如此。
>
> 夜晚，聽到父親跟鄰居閑談以後，我就會進入自己的小臥房裡面，踱過來踱過去，試著去理解我完全不懂的談話內容。一旦開始了這種探索以後，我就會不斷的回想大人們說過的話，一直到能夠把它改為連我的朋友都能夠理解的語句，方才能夠睡著。這一件事情對我來說，彷彿是一種熱病，而且一直糾纏著我不放。

一發即中的表達方式

另外一位傑出的大總統威爾遜，針對傳達自己的意見給對

方的方法，如此的下達忠告——

我的父親具有很旺盛的向上心。他總是無法忍受模稜兩可的東西。我最好的訓練，乃是承受自父親。自從我學習寫字開始，一直到一九〇三年父親以八十一歲高齡逝世為止，我都會把自己寫的東西拿給父親過目。

父親通常都會叫我大聲的把自己寫的東西讀出來。這件事情對我來說，永遠都是痛苦的一件事情。父親時常在中途打斷我的話，問我那是什麼意思？而我就得仔細的回答他。正是因為如此，我才更能夠表現自己（比起紙上所寫的東西）。父親總是如此的告誡我——對於你想要說的事情，不宜使用散彈槍射出，任由它們擊中某些東西。對於非說不可的事情，必需使用來福槍，一彈就射中才行。

9．扣人心弦的說話方式

大旋風似的談話

在某一個時期裡，一群男女被放置於大旋風的進路。這並非真正的大旋風，不過也很接近。那一陣旋風叫莫里斯．哥爾特，被捲入旋風裡面的一個人，如此的敘述那時的情形——

我們和他一起在芝加哥吃午餐。我們知道對方是個雄辯家，因此一心期待著他能站起來演講。他是一位詼諧的中年紳士，當他被邀請發表演說時，他很客氣的向大家致歉之後，才開始他的演說。

他有如一陣大旋風似的，朝著大家展開襲擊。他把身體向前方傾斜，再使用一種足以看透人的眼光，把我們牢牢的「釘」在那兒不敢動彈。他的聲音並不大，可是都有如銅鑼一般地響亮。

「你們瞧瞧四周吧！」他說：「你們彼此對看一下，如今坐在這裡的人們，將有幾個人死於癌症呢？你們知不知道？四十五歲以上的人，四個人裡面將有一人死於癌症……四個人裡面就有一個人！」

他暫時停止，臉上充滿了光采說：「當然啦！這是很冷酷的事實，不過這種狀態可能不會持續很久，因為一定會有什麼對策可以應付。所謂對策，就是指癌症的治療法以及對病情的進一步研究。」

他沿著桌子，掃視了我們每一個人，再詢問：「你們想在這種進步中，擔任一個角色嗎？」

那時，我們的內心除了贊同以外，還能回答一些什麼呢？「那當然……」我如此的想。事後我才獲知，大家的想法都跟我一樣。

在還不到一分鐘之內，莫里斯就牢牢的抓住了我們的心。他抓住了每一個人的心，把我們拖入他的話題裡面。

不管在任何場合，所有的演講者都希望獲得良好的反應。以莫里斯來說，他最大的理由就是贏得我們的贊同。

莫里斯先生跟他的胞弟在一無所有之下，建立了一年販賣額高達一億美元的百貨公司連鎖店，經過了長久的艱難歲月之後，終於獲得成功。很遺憾的是，他的胞弟尼森突然死於癌症。其後，莫里斯捐給芝加哥大學癌症研究所一百萬美元，並且決定退休，與癌症戰鬥，其努力的程度幾乎渾然忘我，因而贏得了大家的愛戴。

這個事實再加上莫里斯的人格，使得他所談的話牢牢的抓住了我們的心。誠實、認真、熱心……為了一個偉大的目的，他整年埋頭苦幹，而這所有的要素，也為他贏得了聽眾的贊同、友情以及關心，並且心甘情願的被他掌握。

1．建立起被信賴的人格

先抓住自己的心

昆迪利安說：「演說家乃是談話術熟練的善人。」換句話說，並不是只要技術好就夠了，還必需具備誠實以及高潔的人格。

本書所敘述的事情只要涉及有效果的談話術，都會提起這根本性的資格。

畢蓬・摩堪說：「高潔的人格乃是獲得信用的至上手段。」

亞力山大・威爾考德也說：「只要以滿腔誠意演講，你的聲音就會充滿任何騙徒都

無法模仿的真誠。」

談話之目的在於抓住人心，所以必需基於自己對於這件事的堅定信心，以滿腔的熱情表達才行。在抓住他人的心以前，必需先抓住自己的心！

2．醞釀接受的氣氛

「是」與「否」的真正意義

西北大學前校長威爾．斯考德說：「凡是心中的所有觀念、概念以及結論，只要不受到相反思想的干擾，就可以被當成真的東西接受。」如果把這一句話濃縮的話，就是使聽眾時常處於贊同你的心理狀態。」

我的親戚哈利．奧巴斯特里教授，在紐約社會研究所舉行的演講中，就曾試看把這種想法派上用場。

技巧絕妙的演講者，一開始就能獲得很多贊同的反應，只要能在這個階段獲得成功，演講者就等於是把聽者的心理導至肯定的方向。

當一個人有否定的意見，而這一句話是從內心裡出來的話，那麼他身體的全部組織、分泌腺、神經、肌肉，都會採取拒絕的態度，出現微小的肉體方面萎縮前傾的現象。一言以蔽之，全部的神經以及肌肉組織都將採取防禦的姿勢。反過來，當內心肯定時，就絕對不會引起萎縮的現象。因此，一開始就獲得多數贊同者，越能夠獲得聽眾主動的關心。

在技術方面來說，要獲得聽眾的贊同實在非常的簡單，但話雖如此，這一點卻往往被忽略了！甚至有些演講者認為一開始就惹起聽眾的反感，才是顯示自己權威的一種手法呢！

例如，急進主義者跟保守主義者展開會議時，急進主義者就往往會惹惱保守主義者。說實在的，如此做的話，一點好處也得不到。如果你想惹惱他們取樂，那倒也罷了，但是如果你是想獲得某些成果的話，那以心理學的觀點來說，你已經犯下了不可救藥的愚行。

一開始就惹起學生、顧客、孩子、丈夫、妻子等人的反感的話，欲使他們在根深柢固的反感上面，還能贊同你的話，那是絕對不可能的。

從每一個人都能贊同的事情開始

一開始就想獲得理想的贊同反應的話，應該如何著手呢？關於這個問題，林肯回答：「一開始議論就想獲得聽眾贊成的話，那就得找出每一個人都能贊同的事情。」林肯甚至在談論隨時會爆發的奴隸問題時，亦能夠做到

這件事。當時，採取中立立場的《鏡報》，曾如此報導林肯的演講：

「在最初的三十分鐘，林肯所說的話，連他的反對者也表示同意，於是林肯逐漸的把他們引誘進來，到後來幾乎把他們關進自己的『籠子』裡面。」

向聽眾發表議論的人，若想以強制的手段，叫聽眾放棄守備態勢而傾向於他，那幾乎是不可能的事情，尤其是大言不慚的說：「我可以證明這件事一定會成功！」更是要不得。因為如此聽眾會把那句話看成挑戰，以致在內心裡說：「咱們就走著瞧……」

你最好一開始就強調每個人都相信的事情，再拿出誰都想知道答案的質問，如此就對你有利多了。然後，你就可以帶著聽眾去找尋答案。在找尋答案之間，你不妨很清楚的對聽眾提出事實，再如聽眾所想像的一般，下達你的結論。

人們對自己所找出來的事實，比起不是自己找出來的事實，更具有強烈不移的信仰，這也就是「被認為並非單純說明的東西，方才是至上的主張。」

不管何種對立，都有共同點

不管意見的相違如何的激烈，總可以找到使全員贊同的共通之點。以下，我就要舉出一個實例。

一九六〇年二月三日，英國首相麥克米倫對南非聯邦兩院舉行演說，表示在種族歧視政策支配大眾的時期，他感覺非向立法機關表明聯合國所採取的廢止種族歧視的主張不可。

首先，麥克米倫首相強調南非聯邦的偉大經濟發展，以及它對世界的各種貢獻。接下來，他很巧妙地提出他的見解。他指出——意見的相違乃是基於個人內心的確信。麥克米倫的整體演說，使人想起了林肯在福特·薩姆達舉行的有力演說。他說——

「做為英國聯邦的子民，我們很樂意對南非伸出援助與激勵之手。不過坦白的說，你們既然是在我們的管轄地域之內，跟我們想實現的『人人自由』政治唱反調，我們就不可能實施支援與激勵。我們既然是友邦，英國子民自然不會動輒就責備你們，更不會自誇。不過，我們必需面對這種不同見解所造成的事實。」

縱然跟演說者的意見有多大的不同，但是聽完了這場演說以後，聽眾也都深刻的了解演講者並沒有私心。

指摘易生憤怒

如果在一開頭麥克米倫首相就強調政策不同的話，情形又會變成如何呢？關於這個質問，羅賓遜教授在他的著作裡，給了我們心理方面的回答——

> 我們有時會在毫無抵抗及強烈感情的作用下，察覺到自己的想法正在改變。不過當別人指出我們的錯誤時，我們往往會對他的非難感到憤怒，而變成固執、冥頑

不靈。我們對於自己信念之形成幾乎是漫不經心，然而，逢到他人要破壞我們的信念時，我們卻會對那些信念付出熱情。很顯然的，對我們而言，最貴重的並非觀念本身，而是遭受到威脅的自尊心……

由「我的」所構成的語句，在人類生活中可說是具有最重要意義的一句話，因此必需特別慎重的處理它們。例如「我的」晚餐、「我的」狗、「我的」信念、「我的」國家、「我的」神等等，其中「我的」這個冠詞，就具有相當的份量。

不僅別人對我們說「你的錶不準」或者「你的車子很破」時，我們會動怒，就是我們對火星、對某種藥品其藥效的想法，被他人強迫訂正時，也會感到惱怒。

我們只喜歡對自己認為真實的東西深信不疑，一旦有人對我們深信的東西表示懷疑時，我們不僅會感到憤怒，而且會更進一步執著於這種信念，並且傾力為它爭辯。由此可見，我們所謂的論證，大半乃是我們對自己已經相信的事情，努力找出繼續相信下去的理由而已。

3．把熱情傳導給聽眾

熱情能夠傳導

當演講者把自己的想法及感情，熱情萬分的對聽眾訴說時，對方在內心萌出反對想法的比率將銳減。因為，所謂的熱情是具有傳導力量的東西，熱情這種東西可以驅散否定以及反對的想法。

如果你想扣緊聽眾的心弦，那麼與其在思考方面下功夫，不如在感情方面下功夫。因為比起冷淡的觀念來，感情具有更大的力量。不過在感情方面下工夫時，非得極為認真不可，不管你用盡了美麗的詞藻，蒐集了多少實例，聲音如何的調和，手勢如何的優雅，如果不是「真心」說出來的話，仍然無法感動聽眾。

有意感動聽眾的話，就得先使自己本身感動，傳導給聽眾那種透過你的眼睛、你的聲音，以及你的態度的那股熱誠。

你演講的目的如果是想扣緊聽眾心弦的話，那麼你的態度將決定聽眾的態度。如果你一副馬馬虎虎的德行，聽眾也會心不在焉；如果你傲氣十足的話，聽眾也會敵視你。

亨利・比傑曾經說過——

「聽眾開始打盹時，只有一個辦法可行，那就是叫護衛拿著尖頭的木棒，用它去扎那個『說教者』！」

祖魯族王子的辯論

我曾經被任命為哥倫比亞大學寇蒂斯獎的三名審查員之一。出場的六個學生都經過充分的練習，有意互別苗頭。不過除了其中一個學生以外，其他的學生之所以拚命的練習，乃是想獲得獎章，所以並沒有想到要扣緊聽眾的心弦。

他們在選擇話題時，只是考慮到是否適合於演說而已，對於自己的演講，根本就沒有興趣，等於是在實習辯論術。

只有祖魯族的王子例外。王子以非洲對現代文明的貢獻為話題，對於每一言每一詞都注入感情，而不是把它當成演講的實習。他的演講充滿自信與熱情，他是為了自己同胞以及自己生長的陸地發表演講。他憑著智慧、人格以及善意，表達自己同胞的希望，以期我們能夠理解。

以演說的完成程度來說，比他更好的競爭者有兩、三個人，不過我們還是把獎章頒給了他。因為，我們這些審查員發現，祖魯族王子的演說充滿了真實與誠意，相比之下，其他人所舉行的演講，就有如瓦斯暖爐的火一般，始終顯得欲振乏力。

祖魯族王子認為在離開祖國很遠的土地上談話時，只憑道理並不能把人格投影在上面。他自覺到，談話的人必需使聽者察覺到他是如何的深信自己所說的話。

4．向聽眾表示敬意與情愛

絕對性的審判官

「人一生下來，就希望受到尊敬以及愛戴。」

諾曼・比爾博士引用一個喜劇演員的話說：

無論是哪個人，在內心裡都認為自己是有價值又具威嚴的人物。一旦傷到了這兩點，你就會永遠失去那個人。是故只要你去愛某人、尊敬某人，對方也會愛你、尊敬你。

有一次，我跟某位演員一起上電視節目。我跟那位男演員並不熟識，後來我看了某雜誌以後，方才知道他對我有不滿的地方。不過，我當然知道之所以會如此的理由。

那時，我就快要上節目說話了，因此默默地坐在他的旁邊。他就回來對我說：

「你好像沉著不下來？」

「是啊！」我回答：「站在別人面前，我總是會或多或少感到緊張，因為我一向很尊敬觀眾，又有責任感，所以就免不了會感到緊張。難道你一點也不會感到緊張？」

「不會……我一點也不會緊張！」他回答：「為什麼有那種必要呢！觀眾很容易上當，他們都是一些笨蛋！」

「我不贊成你這種說法！」我對他說：「觀眾是絕對性的審判官，我一向對觀眾都很尊敬！」

比爾博士認為這個演員的聲望就要一落千丈了。不久以後果然如比爾博士所料，而這都得歸因於他不但不會收攬人心，反而喜歡引起觀眾的敵愾對立之故。

對於希望傳導某事給他人的我們來說，這不就是一個很好的教訓嗎？

5・以友誼式的說話開始

無神論者的挑戰

某一個無神論者為了反證神的存在，對威廉・貝利提出挑戰。

但是，貝利只是靜悄悄的取出他的懷錶，打開錶蓋說：

「如果我說手錶中的槓桿、齒輪以及發條，都是自動地形成，自動地配合，再自動地轉動起來的話，你難道不會懷疑我的智力嗎？我想，你一定會懷疑的。不過，請你抬頭看看星星吧！每一顆星星都有固定的軌道以及運動。地球以及行星環繞太陽，全體以一天一百萬英里以上的速度回轉，所有星星則又形成了以太陽為中心的群體，跟太陽系相同，也在宇宙中奔馳，而且從來就不相撞，也不會彼此妨害，更不會引起混亂。對於這種情形，你認為『偶然變成如此』的想法，以及『有人使它們那樣』的想法，哪一種想法比較容易讓人相信呢？」

如果一開口就說：「什麼？你認為沒有神存在？笨也要有一個程度啊！你知道自己在說些什麼嗎？」一定會引起爭吵，而且將如烈火般的激烈，同時也免不了場無聊的舌戰──無神論者將會有如發狂的山貓一般，以更為狂熱的態度冒瀆神聖，為保護自己的主張，跟你周旋到底。因為對他們來說，它是無比的貴重，如不堅持下去的話，他的自尊心將備受威脅，他引以為傲的事也會陷入危機之中。

跟反對者引以為傲的事站在同一線上

所謂的驕傲，是具有爆發性的一種人類特質，與其與它為敵，不如跟它站在同一線比較划得來。那麼，我們又應該如何去做呢？

關於這一點，我們不妨學習貝利的例子，告訴反對者，我們想提出來的事情，其實跟他們已經相信的事情很接近。如此一來，反對者就比較容易接受你所說的事情，這時我們就可以防止他們產生「排他」的念頭，損及我們所提出之事的價值。

貝利對於人類內心動態的說明，已經使我們有了一些微妙的理解。不過，大多數的人都缺乏與別人所謂信條的城堡和平共存的雅量，老是認為欲攻下別人的城堡，必需有如颱風一般的展開，以正面攻擊的方式擊垮對方。如果真的如此做，後果會如何呢？

一旦進入了敵對關係，守城的那一方一定會把吊橋拉起，關閉城門，並且上好門栓，叫穿著盔甲的射手嚴陣以待……於是，口舌之戰便開始了，而終至兩敗俱傷。這一類的爭端到頭來總是打成平手，雙方都不能使對方讓步一點點。

保羅的演說

我所倡導的這種方法，其實在很久以前聖保羅就使用過了。聖保羅在給雅典人的著名警告中，就是使用這種方法，即使經過了一千九百年的悠久歲月，它仍然受到我們的讚嘆，可見它是一種巧妙而洗練的方法。

聖保羅接受過完全的教育，自從投入基督教以後，他靠著自己的雄辯能力，而成為基督教的領導者。有一天，他來到雅典。那時，貝利克利斯剛去世不久，雅典的全盛期已過，正處於衰退的途中。聖經形容當時的雅典人——「雅典人跟滯留於該地的外國人，都是憑著風聞新的東西、談論新的東西度日子。」

當時，沒有廣播、電視、電話，以及新聞的報導機關，因此對雅典人來說，每天下午蒐集新情報，實在是相當困難的一件事情。

就在那時，聖保羅來到雅典，而這件事也就是最新的情報。雅典人感到甚為有趣，於是就集合在聖保羅身邊，並且問聖保羅說：「你所說的新教是什麼東西呀！告訴我們一些新奇的事情，我們想知道它究竟是什麼。」

換句話說，雅典人要求聖保羅發表演說。保羅也爽快的答應了他們。事實上，聖保羅也就是為這一件事而來。或許，聖保羅當時就站在石頭上面，有如那些出眾的演說家一般，稍為神經質地擦擦手上的汗水，再乾咳了幾聲，然後才開始演講……

完美的開場白

不過，雅典人誘引他所使用的言語，叫他不敢苟同。「新的教導……珍奇的事情……」這一句話含有毒素，這種想法非撲滅不可，因為這些話等於是在醞釀意見對立以及衝突。聖保羅很不喜歡以奇特的方式公開他的信仰，他計劃把他的信仰跟雅典人的信仰連結在一起，以使它帶著親和力，如此一來就可以消除異教的氣氛。不過，為了達到那個目的，應該如何著手呢？

聖保羅終於想到了一個很好的點子，展開了那一場號稱不滅的演說——「雅典的人

們，就各方面來說，你們也未免太富於宗教心了……」

雅典人信仰很多的神，他們很富於宗教心，並且以這件事為傲。聖保羅著實的誇獎他們一番，於是雅典人都用祥和的眼光看著聖保羅。

最有效果的談話法則，乃是利用實例來證明論旨，聖保羅就是使用這一招。

「說實在的，當我一面走路一面看看你們參拜種種神祇時，突然看到了一些祭壇上竟然刻著『供奉不知名的神』！」

這件事是為了證明雅典人非常富於宗教心，為了不輕視任何的神，就連不知名的神也設置祭壇。聖保羅在提起這種祭壇時，還表明了他並非是在說恭維話，想討好那些雅典人。換句話說，他是在表示那些都是產生自觀察的真正認識。

這以後的話，又證明了他的觀察之正確性——

「那麼，我現在就告訴你們，你們在不知不覺間膜拜的神是什麼……」

「新的教導……珍奇的東西？」你們弄錯了！聖保羅這次來雅典，就是要針對雅典人在無意識之下崇拜的神，說明一些事實，把對方原本不信的東西，比喻為他們已經狂熱地接受過的東西……這就是聖保羅所使用的絕妙技巧。

他也從一個希臘詩人的作品中，引用了一些詩句，成功地說明救濟與復活的教義。

不曾聽過聖保羅演講的，有些人嘲笑他，不過也有人希望再聽一次他的演講。

先試著彼此理解

欲抓牢人心或者為了感動他人而演講時，最重要的一件事情，就是在聽者的心裡植入談話者的想法，使對方不致產生反對的念頭。習慣於這種手法的人，都能夠很有力的談話，以便有力的影響他人。

幾乎在每天的日常生活中，你都必需針對某種問題，跟意見全然不同的人交談。在家庭、辦公室，以及種種社交狀況之中，你都在努力著使別人的想法跟你相同嗎？你所使用的方法是否有改善的必要呢？你是如何與人談話的呢？是否像林肯或者麥克米倫一般，用盡了臨機應變的才能呢？如果你能夠做到這種地步的話，你就像稀有的外交強者一般，具備有天賦說服人之能力。

最後，我要提出威爾遜總統的一句話，因為它對你我都有所助益。

> 如果你來我家對我說：「來吧！我倆一塊談談。如果彼此的想法不一樣的話，我倆就來理解其中究竟如何的不同？問題又在哪裡？」只要如此的話，不久以後我倆之間就不會有很大的意見歧異，同時彼此不能苟同的地方也會減到最少，而彼此贊同的地方就會增多。只要以忍耐與率直彼此對待，我倆就能夠相處得很好。

10・應對得體的即興演講

所長的慌亂

稍久以前，企業界的指導階級跟政府官員，參加了某製藥公司的新研究所開設典禮。研究所所長的六名部下陸續的站起來，發表有關化學學者以及生物學者正在進行的有趣工作。這些話題都涉及傳染病的新疫苗、跟細菌戰鬥的抗生物質，以及能夠緩和緊張的精神安定劑之類的開發，而這些藥品都是在經過動物實驗之後，再應用於人體，且效果都非常良好。

「真了不起！」一名政府官員對所長說：「大家都好像在變魔術一般。不過，你為何不站起來說話呢？」

「因為我不習慣在眾人面前說話。」所長臉色黯然的說。

不久以後，司儀出人意料的說：「我們還沒有聽到所長說話呢！雖然所長不喜歡正式的演說，不過我們還是希望他說幾句話。」

結果可想而知，所長雖然站了起來，但是他只是一直說：「很抱歉！我不會說一連串的話……」之類的話。

這位所長在專業領域裡，堪稱是頭角崢嶸的人物，但是到了要在大眾面前談話時，就很明顯的慌亂起來，以致醜態百出。其實，只要是他有這份心意，他一定能夠學好即席演說的方法。我認為這位所長第一件非做不可的事情，乃是毅然放棄敗北主義的態度。只要如此，不管碰到何種困難，他都能繼續奮鬥下去。

「如果事先有準備，經過練習的話，就能講得還像話，但是一旦臨時被指定說幾句話，我就會感到不知所措……」——或許有不少人會如此說。

整頓自己的思想，即席地發表談話的能力，比起耗費長時間準備以後再站起來演說的能力更為重要。不管是在工作方面，或者在日常生活方面，都必需依靠口頭的意思傳達。是故，必需學習如何機敏地動腦思考，再把它們流暢地用言語表現出來。

以今日來說，多數能夠影響產業及政治的決斷，並非由獨裁者所下，而是在會議席上決定的。雖然個人仍然有發言權，不過這種發言必需在群體意見的批判中，很有力的敘述出來才行。在這種場合裡，若能夠活用即席發表談話的能力，效果將會非常顯著。

1．即席演說的練習

艱深的遊戲　只要適度地備有自我統御的能力，就連一個只具有普通智能的人，也可以臨機應變地說出聽者能夠接受的話，甚至是一語驚人的即席演說。為了在別人要求你說幾句話時，能夠很快速的表現自己起見，你不妨在平時多多練習，以便增進表現自己的能力。著名電影演員們所使用的方式，就值得借鏡。

在好幾年以前，道格拉斯‧費潘克斯在《美利堅雜誌》中寫了一篇隨筆。在這篇隨筆裡面，他提起了在那兩、三年之間，每晚跟卓別林與瑪莉‧畢克福特所玩的遊戲，他們所玩的遊戲並非單純的遊戲，而是練習說話術中最為困難的技術——站起來即刻整頓想法的練習。費潘克斯說明遊戲的玩法——

「我們各自在一張紙上寫下一個主題，再把紙片摺起來混合在一起。首先，由一個人抽出其中一張，然後立刻站起來針對紙上所寫的主題發表一分鐘談話。我們從來就不曾重複使用相同的主題。有一天夜裡，我必需針對枱燈這個主題談論。這個主題很難發揮，所以我絞盡了腦汁才勉強通過。如果你認為這並沒啥了不起的話，你不妨試試看。

「因為玩了這種遊戲，我們三個人的腦筋才變的靈光多了。由於試過很多不同的話題，我們儲存了很多知識。不過最大的利益，乃是對任何的話題都能立刻整頓出知識以及想法。換言之，我們學會了『站著思考』的方法。」

兩種效用

我們講座上的聽講者，在接受課程的期間，都必需常常發表即席談話。基於長久的經驗，我知道這種練習有兩種效用：一、證明每個人都能夠「站著思考」。二、基於這種經驗，以後要作有準備的演講時，精神能夠更為安定，自信也將更為充足，即使發生了最壞的情況——演說脫離了準備的體材，內心變成一片空白，亦能夠基於即席談話的能力，在不感到慌亂之下，再度回到演說的主題上。

我們班上的學生，時常會聽到這一句話：「今夜，你們每個人必需針對一個不同的主題發表談話。不過在被指名站起來以前，我不會告訴你們談話的主題是什麼？請好好的表現一下！」

在這種情形之下會發生什麼事情呢？或許會計師將被要求談論「宣傳的功用」；廣告的推銷員也有可能被指定談論「幼稚園」；教師可能會被要求談論「銀行的業務」。反過來說，銀行職員也可能必需談論「學校教育」，而店員必需談論「工廠的生產」也說不定。

站起來談話的聽講者，並不需裝成是談話主題的權威者，只要針對著講師給他的主題，儘量的利用自己所擁有的知識，把它們跟主題連接起來。剛開始時，或許不能說得很好，不過既然站了起來，就得試著講一講。或許對某些人來說，給予的主題很容易發揮，對另外一些人則顯得稍微深奧了些，但是他們絕對不能放棄。大家都期待著成績能夠比自己預料中還好。為此，他們的心中會不斷的起伏，每一個人都希望能夠發揮出比預想中更高的能力。

既然講座上的學生都辦得到，其他的人當然也不會有問題。只要有充分的自信以及堅定的意志，這種練習做得越多，越是能感受到發表談話的容易。

連鎖技術的遊戲

用來訓練「起立說話」的另外一種方法，乃是即席的連鎖技術。這也是我們講座上最富刺激性的特點。例如，某一個聽講者，使盡他幻想式的言語，開始敘述一個故事：「當我操縱一架直升機時，突然發覺有幽浮群接近，那時我考慮著陸。如此一來，最靠近我的一個幽浮裡面的男子，冷不妨的朝我發砲。於是我……」

在這時，表示談話者必需停止的鈴聲會響起來，於是下一個聽講生必需緊接著說下去。待全班都「接力」似的講完時，談話很可能會在水星的運河告一段落，或者話題被扯到議會的會議廳上。

在沒有任何準備之下增強說話技能的這種訓練方法，可說是一種很出色的訓練法。越是累積這種練習，越是能夠在必需即席談話（在事業方面或在社會生活方面）的場合，充分的發揮你的本領。

2．做好心理準備

如果突然被指名發表演說的話……

逢到你沒有任何準備，而對方要求你發表一些談話時，通常對方都是在期待你能夠就自己沒有權威性知識的主題，簡單地發表一些談話。於是，你面臨的問題將是如何判斷當場的狀況，以便在短時間內很正確的就某一個主題發表談話。熟練於這種技巧的方法之一，乃是針對這種狀況作好心理準備。

當你出席某一個集會前，不妨想想，如果被指名發表演說的話，你準備要說一些什麼呢？哪一種話題最適合你？對於會場所討論的提案，你是認同呢？還是反對？以何種話兒表現，比較合適呢？

一開始，我就要給你以下的忠告——為了隨時隨地都能夠當場發表即席談話之故，

你必需整頓好思考的狀況。

做好一般性準備的說話方式

首先，我要求準備發表談話的你多多思考，雖然思考這件事實在很艱難。不過，話又說回來了，凡是對於有關自己的狀況，不曾撥一點時間分析的人，每當在現場發表即席談話時，幾乎沒有一次能進行無懈可擊的演說。

恰如時時準備於萬一，不斷地採取防備措施，以致能夠以冷靜正確的態度處理非常事故的飛行員一般，那些能夠在即席演說上大放異彩的人，都是受過無數次的談話練習的佼佼者。

嚴格地說來，那不算是即席談話，而只是經過準備的一般性談話。因為你在事前已經知道談話的主題，所以只要使談話的內容與當場的狀況配合好就行了。

作即席談話時，你通常只能擁有很短的時間。是故，首先你必需先決定話題的哪一面較能跟當場的狀況配合。你不必因為不曾準備而向對方說一聲抱歉，因為對方早就預料到這一點。雖然不一定要即刻，但是你最好能很快的進入話題。同時，請你接受以下的忠告。

3．使用實例做開場白

一開始的數秒鐘就能定勝負

使用實例的理由有三：一、你不必費神去找接下來要說的話，因為只要累積經驗，則無論處於任何狀況之下，都能夠很自然的說出話來。二、你能夠一波又一波的說出話來，剛開始時感到忐忑不安的現象也會逐漸的消失，甚至有餘裕為話題做些「暖身」運動。三、你會很快的引起聽眾的關心。有如〔第7章〕所指出的一般，使用實例乃是立刻取得關心的確實手段。

剛開始談話的最初數秒鐘，就是你最需要自信心的時刻。由於你舉出的實例裡面，難免含有人際關係的一面，所以聽眾將深深的被吸引，如此自然就可以增加你的自信。

所謂意思溝通，是指雙向交流。能吸引聽眾注意力的談話者，能立刻就感覺到他已經吸引住聽眾。一旦談話者察覺到聽眾理解他，聽眾期待的眼光就會像電流一般，流通到他的頭上。到了這個地步，談話者就會盡自已最大的能力，繼續說下去，以報答聽眾的期待。如此這般兩者之間確實的交流，將變成談話成功的關鍵。除開這種「心心相印」之外，再也沒有所謂真正的意思溝通了。

你就利用實例開始談話吧！尤其是當對方拜託你「簡潔地」說一些話時，你更必需如此做！

4・生動有力的談話

本書曾經提過，如果你想作有力的談話，那麼呈現於外表的活潑舉止，將給予你的精神方面良好的影響。在一般普通的交談中，你是否曾經發現有人比手劃腳的談論著呢？像這種類型的人，往往能在群體中顯得特別突出，引發聽眾的熱情。

描寫手的動作以及心的動作時，我們通常都是使用語言，這也就是人們所說的「捕捉」某一種想法，或者「掌握」某種想法。有如威廉・詹姆斯所指出的一般，「一旦向肉體注入活力，使它變成活潑的話，精神就會以很快的速度跟它相呼應。」是故，我也要給大家一個忠告，那就是──「你不妨把自己的一切投入談話裡面。如此做的話，我就敢保證，你將是一個非常成功的即席演說者。」

5．徹底投注於現場的鐵則

對司儀說些話，藉以緩和情緒

某人輕拍你的肩膀，請你發表兩、三句談話，這是很可能隨時發生的事。甚至當你正興趣十足的聽著司儀說話時，很可能會突然聽到司儀正在談論你，而使得大家都把視線投向你，指定你為下一個發表談話的人。

在這種狀況下，你的心態將有如史帝夫‧李克作品裡的酒醉騎士一般，騎上馬背毫無目的地馳騁，教人感到緊張萬分。……遇到這個時候，你不妨對司儀說幾句話，藉以緩和緊張的情緒。

三個話題的來源

這以後，你所發表的談話最好是跟集會有著密切的關係。人類都有一個共通性，那就是對自己本身所從事的事情最感到關心。是故，當你要從事即席演說時，不妨從以下的三個來源尋找主題——

1．就是以聽眾本身為話題。為了能夠輕鬆的進行談話，請你特別注意這一點——談談他們到底是什麼人，到底在做些什麼，並且最好還能適當的說出他們對於

社會的貢獻。

2．談談當場的氣氛以及特殊性，或是該集會召開的原因。說明它是紀念性的集會？感謝性的集會？或者是政治性甚至是愛國主義的集會？

3．你不妨對前面的演說者表示稱讚之意。

在所有形式的演說中，最受到歡迎者，就是具備有即席性質的演說。你可以把聽眾當成對象，把你心裡的感受在當場表現出來，這麼一來你說的那些話，將會有如戴手套一般，跟當場的氣氛配合得非常良好。

如果你的話針對當時的場合而說，也只針對當場的人們而說，將更能使聽眾感覺格外親切，而這也就是成功的因素之一。

即席演說像是在一瞬之間開出的花朵似的，開得突然，凋謝起來也很迅速。不過話又說回來了！聽眾所品味到的喜悅，都會留存一段很長的時間，教你大感意外，甚至你還會被認為是即席演說的高手。

6．並非即席演說，卻也能達到即席的效果

勁勢十足的即席演說

縱然是即席演說，也不能信口亂說，把一些彼此沒有關聯以及無意義的事情，在沒有任何前後的脈絡之下，胡亂的連結在一起。你必需以聽眾能接納的要點作為思想的中心，再以論理的方式，把附帶的觀念以及想法蒐集在一起。

即使你舉出了實例，亦必需是跟你談論的中心思想有關聯者。容我再重複一遍，只要你肯用心熱烈地發表談話，你就不難感覺到即席談話比起預先準備的演講來，更具有勁頭以及生動的感覺。

只要你肯把〈這一章〉所指出的幾個建議，銘記在心，你就不難成為很有實力的即席談話者。為了達到這個目的，你不妨按照這一章開頭部分的說明，練習我們講座上所使用的技巧。

應邀出席集會時，不妨訂立些微的準備計劃，心理上也不妨存著隨時會被叫起來談話的可能性。當你想到自己可能會被叫起來談話時，就得多多留意其他人的談話內容。準備時，也務必使你的想法能夠用簡潔的言詞表現出來。

待輪到你站起來發表演說時，你必需儘量的把心中的念頭，用平易近人的言詞表現出來。因為，事實上聽眾早就猜到你的見解了，所以你不如以簡潔的言詞把它表達出來比較好。

建築師及工業設計家諾曼·貝爾凱迪斯有一句口頭禪，他說：「不站起來的話，就無法把思想變成語言。」——他最神采飛揚時，也就是一面在辦公室裡走來走去，一面對人訴說有關建築物或者展示物的複雜設計時，因此他反而認為自己非養成坐著談話的習慣不可。結果呢？他也真的做到了。

只不過是閑談的延長而已

我們的情形剛好跟諾曼相反，我們最必需學習的事，就是站著說話的方法。其實，關於這一點我們大家幾乎都辦得到。

能夠做到這種地步的重要祕訣，是必需實實在在的做下去，也就是說了一則短話之後，再說一則短話……如此的隨著你經驗的累積，你會發現自己的談話已越趨流利。到了最後，你就會恍然大悟，原來在眾多人面前談話，只不過是一種閑談的延長而已。

第四部

意志傳達的技術

II．說話的方法

四種說話的方法

你相信嗎？當我們想跟自己以外的世界溝通的時候，只能使用四種方法，除開這四種方法，再也沒有任何適合的方法了。因為，利用這四種方法接觸他人時，我們才會受到好的評價。

這四種方法就是：一、我們將要做的事情；二、我們如何去看待對方；三、我們將要說的話；四、我們談話的方式。

毫無意義的訓練

在首次召開公開談話的講座時，我曾經撥了很多時間進行迅速地變化聲音的訓練。不過在經過一段時間以後，我察覺到教成年人拓寬音域，以及改變音色，實在是件沒有意義的事情。

當然啦！對於那些有意耗費三、四年磨練聲音的人們來說，如此做並不可厚非。但是，講座上的學生們都頓悟到，憑自己天生的聲音說話，乃是最自然的一件事情（有些

人為了改變本來的音調，反而給人裝腔作勢的虛假感覺）。在這以前，我一直把時間與精力耗費於使學員體會橫隔膜呼吸方面，一直到現在我方才體會到，只要能夠從壓抑以及踟躕不前中解放自己，即可達成教人驚嘆而永續性的健談效果。

1．克服自我意識過剩

克服緊張

我的講座裡面有一些教人如何克服緊張的課程。我不止一次要求學員們，只要打破自己的硬殼走到外面，這個世界就會熱烈地歡迎他們。我甚至叫他們親身去體驗這一件事情。這一件事情做起來的確很困難，但是自有它的價值。

佛西將軍也說過：「克服緊張這一件事，就跟戰術相同，想起來或許很簡單，實行起來可就難了。」

克服緊張的頭號敵人，就是整個人變成堅硬，而且不止是肉體堅硬，甚至連精神也變成堅硬異常。那種堅硬，很像是隨著人體成長所產生的硬化現象一樣。

說實在的，想在聽眾面前保持自然談何容易？這並非很容易克服的一件事情。對於這件事情，演員最能理解得透徹。

如果是在孩童時期，也就是說在四歲左右，就算是走到演講台上，面對著一大群聽眾，仍然能夠很自然的說說話兒。但是到了二十四歲或者四十四歲時，一旦站在演講台上，你又會有如何的反應呢？到了這時，你還能夠保有四歲時的自然態度嗎？或許還有一些人能夠保有，但是十之八九的人都會變成僵硬羞澀，有如一隻烏龜似的，躲入自己的硬殼裡面。

教導成年人談話，並非是要訓練他們某一種特性，而是要教他們如何消除各種障礙，以一種類似挨揍時的反應，很自然的發表談話。

以戲劇方式實地演練

在講座的課程中，有時我也叫學員們採用小說以及戲劇的對白，實地的演練一下。我不止一次的叮嚀他們，盡可能的把自己投入戲劇的情節裡面。實際地這樣做了以後，有些學員的演技雖然笨拙得可笑，但是正在「演出」的學員，卻是信心十足，不曾感覺到自己的「演技」十分差勁。這一點委實教我們嚇了一大跳！因為如果他們在演講時也能如此的話，那就不至於怯場了。

讓學員演練戲劇對白以後，我們發現有幾位學員很有演戲的天才，這一點也教我們感到驚訝。我所要強調的一件事情，乃是一旦能夠在大眾面前擺脫自己的硬殼，那麼以後不管是在多少人面前，就都能夠很輕而易舉的表達自己的見解；而你突然感到的這種

自在，就彷彿被關在籠子裡的小鳥一旦獲得自由飛翔於天空一般。

說到此地，你一定恍然大悟，人們為何喜歡集結於劇場以及電影院了。因為在那兒，他們可以看到同類在幾乎全然無所抑制之下，赤裸裸地表現出真實的感情。

2．不要模仿別人，以自己的風格說話

一言一語都相似，但韻味卻完全不同

凡是能夠「演出」自己要說的內容，不懼怕表現自己，能夠以獨特的個性，充分地發揮想像力的演說者，都是值得我們尊敬的。

第一次世界大戰後不久，我在倫敦會見了羅斯・史密斯跟基斯・史密斯兄弟。他倆完成了從倫敦直飛澳洲的飛行，獲得了澳洲政府所頒發的五萬美元，在大英帝國中捲起了一陣旋風，英國國王並且還頒給他倆爵士的頭銜。

著名的風景攝影家哈雷上尉也參加了這次的飛行，拍攝記錄影片。為了使他倆能夠應用影片，發表有關飛行的演講，我負責擔任訓練的工作。事後，他倆在四個月之間，於倫敦的費爾哈莫尼克廳舉行一天兩次的演講。

他倆並肩飛行過半個地球，所以他倆所說的一言一語也幾乎相同，但是他倆所說的

話，聽起來如有迥然不同的韻味。

我們所談的話，除開所使用的語言之外，還有一些另外的因素，那就是附加於語言之上的「香氣」。所以你想要說一些什麼固然重要，但是如何去講它才是更為重要的。

俄國偉大畫家普拉洛夫曾經把學生的畫稍微修改了一下，學生看過修改後的油畫，嚇了一跳說：「這到底是怎麼一回事呀？怎麼老師只修改了幾筆，它就變成完全不同的一幅畫啦！」普拉洛夫回答：「所謂的藝術，就是從『只是』開端的。」

這個原理不僅適合於繪畫，也可以應用於巴雷列斯基的彈奏鋼琴上，甚至也可以用來形容說話的技巧。

英國議會流行一句古老的格言：「萬事並非憑『說說』就能決定，而是以『說法』取勝。」——這句話是英國在羅馬殖民地時代裡，修辭學者昆迪利安所說的。

發揮你的個性

美國福特汽車公司的宣傳文句——「福特車的結構無論哪一輛都相同。」極具有廣告效果，不過任何生命都是個別的存在，所謂的一模一樣者，從來就不曾存在過，以後也絕對不可能出現。

對於自己本身，年輕人應該記牢這一點，就算是在思考方面，也應該塑造出一個跟別人不同的特質，再摸索著把它培育出來，而社會與學校就是助長這種特質成熟的地

方。社會與學校都具有一種把人類放入相同鑄型的傾向，但是儘管如此，你也絕對不要喪失自己的個性，因為它是使你變得「重要」的唯一憑據。

針對有效果的談話方面來說，這也是不可諱言的事實。這就像人體的構造一般，每一個人都有兩個眼睛、一個鼻子，但是卻沒有一個人的容貌跟你完全一樣，更沒有人具備跟你完全相同的特性、氣質以及做人處世的方式。

在這個世界裡，沒有一個人能使用與你在自然談話時完全相同的態度表現自己。所以，它是你在談話時所擁有的最貴重的財產，你應該牢牢的把握它、重視它，並且把它發揚光大。

所謂「個性」，正是賦予你談話時的力量與率真的火花，所以你千萬別把自己放入鑄型裡，喪失自己的獨特個性。

3・跟聽眾說話

看著聽眾說話

有一次我到瑞士時，滯留於阿爾卑斯山的避暑勝地馬倫，居住於倫敦某公司經營的一家飯店。每個禮拜，倫敦方面都會派來兩名演講者。

其中有一位英國著名女作家所談的話題是〈小說的未來〉。她很坦白的說出話題並非她自己選擇的。也正因為如此，她並不把它當成有價值的話題，只是大略地記下重點。當她站在聽眾前面時，一點也無視於他們的存在，視線穿過聽眾的頭頂，心不在焉的看著遠方，一下子又瞧瞧記錄、看看地面，始終不看聽眾一眼。她若有所失的把視線投到遠處，談話時有氣無力，彷彿是朝向超越現實的虛空說話似的。

所謂演說、談話，根本就不應該如此，這樣充其量只能算是自說自話而已。出色談話的必備條件，乃是予人一種傳達意思的感覺。談話者必需讓聽眾感覺他是把內心的意思直接傳導給他們。

上述女作家的那種談話方式，倒不如到戈壁沙漠舉行一次獨白。因為，她並非在對有生命的人談話，而是彷彿在沒有人的地方自說自話罷了。

直率的表達

自古以來，對於所謂的談話方式，就有很多無聊而不實用的書籍。這種書籍囿於所謂的規則以及儀式，蒙上一層神祕面紗，把一些老掉牙的雄辯術奉為金科玉律，甚至還列舉了不少滑稽透頂的雄辯人士。

那些有心學習談話術的實業人員，一旦到了書店或者圖書館，店員都會推薦一些無益的雄辯術書籍給他。以今日的美國來說，其他方面堪稱很進步，但是學生們還是被強

迫背誦雄辯家的著名演說，彷彿羽毛筆一般，已經不合乎時代的要求了。

到了一九二〇年代，所謂傳授嶄新談話術的學校，有如雨後春筍般的興起。這種學校的步調較能配合現代精神，就跟汽車一樣，又嶄新又實際，方法像電報一般的直接，效果又好像廣告一般的立竿見影。往昔流行的誇大談話方式，如今已經不再受到聽眾的歡迎了。

不管是出席於集會的十五名實業界人士，或者是集合於運動場的一千名群眾，現在的聽眾所喜歡的談話者，都必需具備廣泛的知識以及親切的態度，更重要的是，還必需具有充份的熱情與精力。

說實在的，為了使人看起來自然一些，在面對著四十個人演講時，所付出的精力當然要比對一個人說話時超出很多。這種情形就好像在大廈頂端的塑像一般，為了地面上觀眾的視覺效果，非得把它巨大化不可。

自然的雄辯

有一次，當馬克・吐溫在尼巴達的礦山鎮結束他的演說時，一個年老的礦工走近他說：「你時常能這樣發揮自然的雄辯嗎？」

將「自然的雄辯」擴大，就是聽眾所要聽的演講。

欲把這種被擴大的自然氣息據為己有，唯一方法只有靠練習。當你在練習時，一旦發現自己是以誇張的態度說話，就得暫時停下來，在內心裡責罵自己：「喂！你在幹什麼呀！把眼睛睜大一些吧！說得更像人話一些！」接著暗中從聽眾裡面選出一個最後面的人，或者最不注意你的人，開始對他談話。

這時，你必需忘掉還有很多其他的人，而只跟那一個聽眾說話。你不妨想像那一個聽眾正要質問你，而你也準備回答他。你甚至也可以想像只有你一個人可以回答他，那麼在這個過程裡，將必然的使你所說的話更像會話般直接而自然。

你甚至可以自問自答。例如，你在談話的中途可以說：「或許大家會詢問，為了使你們同意這個主張，我能提出什麼證據？那……我就會如此回答你們，我的確有證據。那就是……」

如此一來，你便可以在很自然的情形下打破談話時的單調，使你的談話變成率直、快樂而適宜的會話。

就是在工商會議中，亦可以跟普通友人談話一般，很率直很自然的發表談話。其實，工商會議的集會就是朋友們的大集會，所以只要採用跟友人談話的方式，就可以在集會的談話裡獲得成功。

被看成演說家就是意味著失敗

剛剛我曾經提到某位女作家的談話方式。其後，

我又在那位女作家發表談話的舞蹈室中，愉快地聆聽了奧利巴・洛吉的談話。

那一天，奧利巴談的主題是〈原子與世界〉。他為了這個主題，傾注了半個世紀的考察、研究以及實驗。奧利巴很想表達這個構成他思考、精神以及生命的一部分，以致忘懷地演說著。不過，我們並不在乎這一點。

奧利巴很熱心的談論著，企圖讓我們看到他自己看見過的東西，以及讓我們感覺到他曾感覺過的東西。結果，奧利巴所談的話，充滿了魅力與震撼力，教聽眾留下很強烈的印象。奧利巴是非常具有天份的演說者，但儘管如此，他並沒有要顯示自己才能的意思。同時，所有聽過奧利巴談話的聽眾，也幾乎沒有一個人認為他是演說家。

如果聽你談話的人們，認為你是經過了一段時間的談話訓練，那麼對指導你談話的老師來說，這並非是一件很有名譽的事情；尤其是對我們講座上的講師來說，那更是件非常沒有名譽的事情。聽眾認為你受過談話的訓練，那麼不管你講得再自然，聽眾也不會感動，那是因為你說得太自然，太完美無瑕，所以聽眾就不會去注意你的態度，只能意識到你在談話而已。

4．把自己投入說話的內容中

感情的火焰能夠除去障礙

當你發表談話時，誠實、熱心以及認真的態度，都對你有所助益。當一個人被自己強烈的感情支配時，便會將真正的自我呈現於表面，而除去所有的障礙！

感情的火焰足以把所有的「圍牆」燒掉。在這種情形之下，一個人能夠無意識的行動，亦能夠在無意識之下說話，要多自然就有多自然。

關於這件事，我已經強調了很多次，說得更明白些，就是要把你自己投入話題中。

狄恩・布勞恩在耶魯大學神學院教授有關傳教的課程時，曾經對學生說：

「有一次，在倫敦的教堂禮拜中，我的友人曾經上台傳教，我永遠也忘懷不了那時的情形。那位傳教的人名叫喬治・馬克多納爾，待唱詩班唱完了聖詩以後，他說：『相信大家都是信仰極為虔誠的人，所以關於信仰到底是什麼？我沒有再加以說明的必要，因為我們有眾多比我更適合於說明的神學教師。我今天站在此地，乃是要幫助大家培養信仰心。』」

接下來，他為了使聽眾產生信仰心，便以很純樸的方式，很有力的表達出他對眼睛看不到的，有關各種永遠之真理的信仰。他的話充滿了誠懇，所以那一次的談話非常成功，而這些都是紮根於他純樸的內在生活。

「因為他的話說得很誠懇……」談話祕訣就在此，不過一般人卻都喜歡求取絕對確實的方法，也就是清晰而能感覺得到的方法，就像學習開車的入門書籍，必需列出很清楚的法則。

曖昧但確實的方法

確實的東西就是人們最喜歡的東西。就以我來說，如果可能的話，我也樂於提供絕對確實的方法。一旦能夠做到這種地步的話，無論是對於我或對於聽眾來說，事情都會變成很容易。現在並非沒有這種法則，只是這種法則有一個缺點，而那個缺點就是它並沒有實際的用處，且將會從人們所講的話中，奪去其自然以及鮮活的生命。

在年輕時，我為了試著使用這種法則，就曾經浪費了很多精力。就像美國幽默作家喬治・比林克斯曾經說過的：「對於不真實的事情，就算知道得再多，也沒有用處。」

愛德門・巴克無論是針對論理方面、條理方面，或者文章的結構方面，都留下了很多動人的演講稿。一直到今日，美國各大學仍然把它當成雄辯的經典文章研究。

話雖如此，做為一個演講者，他都是徹底的失敗。由於他的演說缺乏力度及趣味性，結果他被取了一個綽號——「通知下議院晚餐時間的鐘聲」。每逢他站起來演說時，其他的議員不是故意咳嗽，就是動來動去，或者打盹，有的人甚至走了出去。

就算是使用鋼鐵製成的槍彈，如果使用空手投擲的話，根本就不可能傷到對方所穿的衣服。如果利用蠟燭替代槍彈，再塞進火藥發射的話，就算是堅硬的松木板也能夠被射穿。同理，具有鋼鐵槍彈一般質地良好的演說材料，一旦背後沒有任何刺激力量的話，其效果就遠不及塞火藥的蠟燭似的演說。

5．累積使聲音有力而柔軟的訓練

不是原因而是結果

當我們向聽眾傳達思想時，通常都利用富於變化（聲音及肉體方面）的要素。例如，聳聳肩膀、移動手腕、皺眉頭、增大聲音、變化聲音的高低，或者變化說話的速度。

不管是哪一種要素，它們都不是原因，而是一種結果，這一點必需牢記。為了調節時間而引起的變化，我們的精神與感情狀態會直接受到影響。正因為如此，站在聽眾面前時，最好是準備自己都會動心的話題，以及自己最拿手的話題。

大多數的人不管是發音、舉止，都喜歡固定於一種類型，而很少利用富於活力的手勢，以及變化聲音的高低，於是常喪失了會話的新鮮感以及通暢。一旦使談話保持千篇一律式的快或者散漫，很快就會使談話的人及聽眾變得心不在焉。

所謂使舉止自然的意義

在這本書裡面，我一直在重複的強調必需使舉止自然。只要你不裝模作樣，即使說話粗魯了一些，或者談話方式單調了一些，聽眾都不會過度的計較。不過，我所謂的順乎自然，乃是指誠心的表現出你的想法。

另一方面，所謂上乘的演講者，都是用心於增加語彙以及使比喻式的表現豐富方面，而很少考慮到自己缺乏改良的能力。也就是說，只要有心改良自己，每一個人都能夠達到改良的目的。

對聲量、聲音的高低、說話的速度展開自我批評及指正時，可以借重錄音帶或是請朋友加以指正，如果能夠得到專家的指導，那就更為理想了。

不要在聽眾面前耍技巧

不過你必需記牢一件事，那就是所有的練習，都必需在沒有聽眾的地方進行。一旦在聽眾面前說話時，就不宜使用技巧，否則將明顯的減低談話的效果。

一旦走到聽眾面前，你就必需把自己投入談話裡面，如此才能夠使聽眾對你所說的話留下深刻的印象。只要你能夠做到這種地步，在十次演講中，至少就有八、九次能夠說出強而富於說服力的話。至於聽眾所獲得之感動，將遠比閱讀書籍來得大。

第五部

說話的各種階段

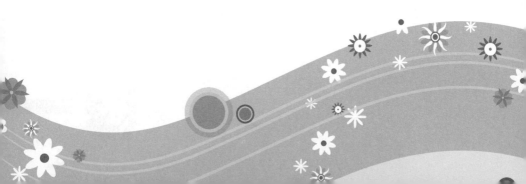

12・司儀、頒獎、受獎者的演說

我準備在下一章說明一些準備長時間演講的訣竅。在本章裡，我要先敘述當司儀的訣竅。同時，我也要附帶的說明頒獎以及受獎者的演說。

莫名其妙的介紹

作家兼演說家約翰・布勞恩，在美國各處獲得了許多聽眾的熱情。有一個夜晚，他跟司儀在一起談話，司儀告訴布勞恩：「你不要因為一直想著要說什麼話而感到坐立不安。我最反對在演講以前做準備。實際上，所謂的準備根本就沒有什麼好處，而且還將損及你的魅力，使聽眾的快感銳減。以我個人來說，就一向喜歡在站起來時，才靜待著靈感的來臨。憑這種做法，我從來就不曾失敗過。」

聽了這種自信十足的話，布勞恩期待著這位司儀將會為他做一番精彩的介紹。在布勞恩的著作《我好像已經習慣》裡，他回顧那一件事——

「想不到那個人站起來時，竟然做了如下莫名其妙的介紹：『大家好！我想借用一

下各位的耳朵。今夜，我給各位帶來壞消息。我們本來是要請愛沙克・馬克遜先生來演講，可惜他不會來了，因為他生病了（拍手）。於是，我便邀請布列多利吉參議院的議員來演講……想不到他太忙了，又無法抽身（拍手）。最後，我又去請堪薩斯城的羅依多・克羅堪博士，想不到又碰了一鼻子灰（拍手）。到頭來，在萬不得已之下，我只好請布勞恩先生來充充場面……』」

布勞恩回憶著那一場災難，寫下——

「那個靈感至上主義者的司儀，總算還沒弄錯我的名字。」

「向內引導」為司儀的職責

那個自認為靈感能夠解決一切的人，他那一種介紹方式，無論是對被介紹者以及聽眾來說，都沒有盡到義務。其實，司儀的義務雖然不多，但是卻很重要，不過有很多的司儀並沒有注意到這一點，這個事實教我感到驚訝。

基於目的方面來說，演講時的介紹跟社交性的介紹，都有著相同的任務，因為兩者都能夠把談話者跟聽眾連結在一起，製造出友好的氣氛及緊密的關係。

凡是認為司儀沒有演講的必要，只要介紹說話者就可以的人，都犯了很大的過錯。沒有一種演說像介紹時的演說一般被忽略，而這種結果不外是負責介紹演講者的司儀們輕視了這一件事的原故。

「介紹」英文為「introduction」，乃是合併兩句拉丁語「苗多洛」（向內）及「狄丘列」（引導）而形成者。整句意味著它能夠巧妙的把我們引誘到話題內部，期待對方的談話。為此，介紹者必需把有關演講者的背景，也就是演講者的資格，介紹給聽眾。

換言之，介紹者不僅負有介紹演說者的義務，更負有對聽眾「推銷」話題的義務，而且必需在短時間內達成這個任務。

這些都是介紹者必需做的事情。但是，在實際上他們有沒有如此做呢？十之八九的答案都是否定的。絕大部分的介紹演說都是有氣無力的，而且「無力」的情形幾乎教人無法容忍。難道我們只能坐視這種結果發生嗎？那也不見得。只要司儀自覺到任務的重大，再以正確的方法盡他的任務的話，就將成為一個成功的司儀。

以下，我就要傳授有關介紹演說的訣竅。

1．做好充份的準備

慎重的準備

司儀所說的話，時間上幾乎一分鐘不到，因此內容必需簡單扼要，而且必需有慎重的準備。首先必需蒐集事實，而這些事實包括三個項目。第一、演說者

發表談話的主題；第二、談論這個主題的談話者的資格；第三、談話者的姓名。有時，還會再加上一個項目，那就是談話者所選擇的話題，是否是聽眾特別感到關心的事情。

對於正確的論題，以及談話者如何展開主題，司儀必需有某種程度的認識。司儀所說的話裡面，如果不曾正確的傳達談話者對主題的立場，將對談話者造成不好的影響。為了避免這種過錯，除了了解談話者的主題以外，在介紹的演說內容中，也不宜對談話者將說的話大做預告。

不過話又說回來了。司儀的義務除了正確地傳達談話者所要發表的主題以外，還要指出它跟聽眾的利害關係。司儀可從談話者本身獲得這方面的情報，如果非轉由第三者獲知不可的話，那就請第三者寫下這些情報後，再請談話者校正一下。

如此一來，將會有大半的時間耗費於蒐集有關談話者的資料，所以如果談話者是全國性或是地方性的名人，你就可以透過名人錄等檔案，獲得正確的資料；如果是有限區域內的著名人物，那就可到該人物工作地方的人事課查問。有時，還可以打電話詢問該人物的親友或者家族，以確定你所調查的事情是否屬實。最重要的是，必需正確地掌握你將介紹之人的經歷。只要是跟發表談話者親近的人，他們一定很樂於提供資料給你。

只列舉必要的事實

列舉太多的事實反而會教人感到厭倦。例如，當你介紹某人是博士之後，就可不必再提到他的學士、碩士學位。同樣的，列舉該人物大學畢業以後所歷任的職位時，只要說出他目前的職位就可以了。尤其是不應先說一些不重要的事情，而把該人物最大的事蹟漏掉不提。

我曾經聽到某位司儀如此介紹詩人葉慈。在那個集會裡，葉慈將朗讀自己的詩作，而且三年前葉慈曾獲得文學家最高榮譽的諾貝爾文學獎。據我自己的推測，在那個集會裡，知道諾貝爾獎以及其重要性的人，可能不滿百分之十，所以司儀應該傾力的說出這兩個重點。結果，司儀始終不提這兩件事情，而一直在扯神話以及希臘的古詩。

名字絕對不能弄錯

對於發表談話者的姓名，必需正確地記牢，並且要求讀音也要正確無訛。例如約翰・梅遜・布勞恩，就曾經被介紹為約翰・布勞恩・梅遜，甚至有些草率的司儀還把他叫成約翰・史密斯・梅遜。

加拿大著名幽默作家史蒂文生・利考克，在他的著作《今夜是屬於咱們的》裡面，敘述某次他被介紹的經過——

「在我們這些人裡，有很多人翹首盼望這位作家的光臨。或許是時常拜讀他的作品吧！雖然我們跟他是初次見面，但卻有一種會見故友的感覺。實際上，他的大名在我們的市鎮裡，已經是家喻戶曉，說是沒有一個人不認得他，也不算是誇張。能夠介紹他給

各位認識，乃是我至高無上的光榮。他就是——李洛依德先生！」

你的調查必需具體而實在，因為只有具體化，方始能夠達到介紹的目的，提高聽眾的關心，使他們容易接受演講者所說的話。

那些在準備不足之下來到會場的司儀，幾乎只能想出教人昏昏欲睡的介紹語：

「我們的演講者被公認為是這個話題的權威，嗯……嗯……他一直被認為是這方面的權威。我們的演講者針對這個問題所要談論的事情，乃是我們一直最關心的事情。而且，他又是從非常……非常遙遠的地方，撥冗來到此地……特地來此跟大家見面……請稍等一下……唔……對了……我很高興的為大家介紹——布蘭克先生。」

2・遵從T・I・S的公式

處理一般的介紹演說時，T・I・S公式可做為調查及蒐集事實的參考。

T——就是Topic（話題）。介紹時必需正確的敘述話題。

I——是Importance（重要性）。在這個階段裡，必需在話題與聽眾的特殊利害關係之間，架好一座橋樑。

S——是Speaker（談話者）。在此，必需介紹談話者傑出的資格，尤其是必需介紹其跟話題相關的資格，最後並且必需很清楚的報上談話者的名字。

活用創造力 這個公式具有使你充分運用創造力的功能，因為介紹演說沒有必要成為枯燥乏味的演說。紐約的報紙編輯赫馬・遜，負責把紐約電話公司的重要人物喬治・威爾鮑介紹給新聞界的介紹辭，便是在無意識之下應用了這個公式——

> 今天演講者所要講的題目是「電話為你服務」。
>
> 恰有如到了任何時代，熱中於戀愛以及賽馬的人永不會絕跡一般，世界上最大的謎題之一，便是在打電話時出現。
>
> 為何會發生電話號碼錯誤的現象呢？為何從紐約打電話到芝加哥，有時比起打到鄰近地區的電話更容易打通呢？
>
> 將為我們演講的人，不僅能夠回答這個問題，更能夠回答有關電話的其他問題。他從事於電話事業已整整二十年，所以關於電話事業大大小小的事情他都極為了解。他的工作之一就是把他的事業內容說明給大家。威爾鮑先生擁有電話公司重

要人員的頭銜，可以說是當之無愧的。

威爾鮑先生將為我們說明電話公司是如何努力的為我們服務。大家不妨把威爾鮑先生當成守護神，如果你最近發生了有關電話方面的問題，威爾鮑先生將擔任你的辯護人。

大家好，我現在就介紹紐約電話公司的副總經理——喬治・威爾鮑先生！

請大家注意一下，司儀是使用何種巧妙的手段，使聽眾針對電話思考呢？他利用質問聽眾的方式，引起了他們的好奇心，再暗示聽者，演講者可能會針對那些質問，以及任何聽眾發出的質問，一一的給予答覆。

可悲的錯誤

前面所介紹的演講，並非預先寫好再背誦起來的，即使它變成書面文字，仍然像日常的會話般自然。由此可見，介紹的演說不宜採取背誦的方法。

在某一夜的集會，康納利亞・史基那經由司儀介紹給大家。那一位司儀忘掉了背過的講詞，在無計可施時他嘆了一口氣說：「我們原先要聘請的哈多提督，由於他要價太高了！因此，今夜我們特地另外請康納利亞先生上台演講。」

介紹時必需力求自然而清新，所以應該隨機應變，不宜使它變成死板或語氣尖銳。

前面列舉的介紹威爾鮑演說，不曾使用「使我感到愉快」或者「無上光榮」等老掉牙的文句。介紹演講者的最佳方法，乃是單純的介紹他的名字。

也有一些司儀為了對聽眾以及演講者表示他的重要，而濫用三寸不爛之舌，說得天花亂墜，更有一些司儀喜歡拿演講者的職業開玩笑。如果你想達到有效的介紹目的，那就得儘量避免這些過失。

巧妙活用公式的例子

以下是一則出色的介紹例子，它雖然忠實地遵守公式，但是仍不失其獨特的個性。介紹者愛多嘉・謝納德克，一面介紹著名的科學教育者兼編輯的傑拉魯多・恩多，一面很巧妙的把公式中的三方面「織」了進去——

「所謂《今日之科學》的話題，實在是一個很重大的問題。一提起了這個問題，我就想到了一個精神病患者。這個患者一向為『貓在他體內做巢』的幻覺所苦。因為不管精神醫生使出任何方法，都無法使他脫離幻覺的糾纏，以致醫生只好為他舉行了一次象徵式的開刀。當病人從麻醉中醒過來時，醫生抓了一隻黑貓給他看，並且對他說：『我已經把你肚子裡面的貓抓出來啦！以後你不會再感到痛苦了。』誰知病患卻不以為然的說：『那一隻折磨我的貓並不是黑色的，而是灰色的呀！』

「今日的科學就跟這種情形一樣。想抓鈾２３５，都碰到鈉或者鈾２３３之類的貓

群。所謂的元素也者，就好像芝加哥的冬天一般的教人頭痛。最早的科學家，也就是古代的鍊金術師，為了探求宇宙的神祕，不時的跟死神格鬥，希望能夠延命，以探求宇宙的神祕。想不到今日的科學家，卻已經能製造出那個夢想。

「今天的演講者傑拉魯先生，對於科學的現在及未來瞭若指掌。他是芝加哥大學的化學教授，也是賓西法尼亞大學的校長，甚至還兼任俄亥俄州哥倫波斯產業調查研究所的理事長。他也曾經在政府機關做事，是編輯又是作家。他出生於艾德華州的達賓波多，在哈佛大學取得學位。他累積了有關軍事工廠的研究，也曾經到歐洲旅行。

「傑拉魯多先生在科學界擔任多數教科書的著作以及編輯的工作，他最有名的著作是《為明日世界的科學》。他在紐約擔任世界博覽會的負責人時，出版了這本書。他也擔任過《時代》、生活》、《財務》等雜誌的編輯顧問。他的科學新聞解說，擁有廣泛的讀者。

「一九四五年，他的著作《原子時代》公開發表的時候，也就是原子彈被投到廣島後的第十天。『真正被看好的時期，是從現在開始』──這是傑拉魯多先生的口頭禪。事實上，也正是這樣。在此，我以能介紹傑拉魯多博士為榮，想必大家也會喜歡聽他的演說。」

奉承時要謹慎

在不久以前，人們流行在介紹演說者時，把他讚揚得比實際還要好上幾倍。司儀喜歡把花一般美麗的讚詞加在演講者身上，而可憐的演講者在聽過這些言過其實的讚揚以後，往往就不敢開口說話。

很受歡迎的幽默演說家湯姆・考林斯，曾經對《司儀入門》作者哈巴多・普洛克納說：「對於一個想以幽默的演講博得聽眾一笑的演講者來說，碰到司儀對聽眾如此說——不久以後你們一定會笑得前仆後仰，在地上打滾……的話，將對演講者構成致命傷。司儀為了介紹你，而把笑匠威爾・羅傑的影子拖出來的話，那你就不如回家吧！因為司儀等於已經毀了你的演說效果。」

讚揚不夠也不好

雖然讚揚過度不好，但是稱讚不夠也不宜。史蒂文遜・里考克回憶起一段令他感到不是滋味的介紹辭：

「這是今年冬季演講的第一回。如大家所知，去年舉辦的演講並不算成功。實際上，去年歲末的會計結算，我們得了赤字。於是今年我們改變了方針，聘請了比較廉價的演講者。大家請注意！我要為你們介紹里考克先生！」

里考克先生很坦白的說出了他的感想：

「被貼上『廉價演講者』的條子走到聽眾面前時，會有什麼感覺？你不妨自己去想

想看！」

3・充滿熱情

司儀的巧拙將左右到演講者

介紹演講者之際，態度跟言語同樣重要，必需以親切的態度臨場，雖然不必用嘴巴說出你現在有多麼的幸福，但是你可以一面說話一面從內心表現出你愉快的態度。

在最後報告演講者的名字時，只要以到達高潮的感覺介紹的話，就可以增加期待感，聽眾將以更熱烈的鼓掌迎接演講者。只要聽眾如此的表示好意，它就會影響到演講者，當然也就會變成一種刺激，使演講者傾盡他的所能。

休止・分離・加強語氣

在最後要說出演講者的名字時，如果運用「休止」、「分離」以及「加強語氣」三項，那麼對你將有很大的幫助。

所謂「休止」，乃是在說出演講者的名字之前，稍為沈默一小段時間，以便使聽眾有所期待。所謂的「分離」也者，乃是在姓與名之間，稍微留一些空間，使聽眾能夠對演講者留下鮮明的印象。所謂的「加強語氣」也者，乃是指用勁的說出演講者的姓名。

除此以外，還有一點必需注意，那就是說出演說者的名字時，不要把面孔朝向他，而仍然把面孔朝向聽眾，待說完演講者的名字時，方才把面孔朝向他。

我就看到過很多失敗的例子。雖然司儀的介紹演說講得很好，但是由於在最後司儀一直看著演說者，完全忽略了聽眾，而使得效果非常差。

4．以誠實為宗旨

最後的一點，乃是要以誠實為宗旨，不要去中傷演說者，開那種「帶刺」的玩笑。而說話吞吞吐吐、不甘脆，有時也會引起一部分聽眾的誤解。反正，以誠實為宗旨就不會錯，因為那時你正處於需要高度洗練以及外交手腕的立場。或許，你跟演說者具有親密的關係，然而聽眾並不如此，所以當你隨隨便便說出一些話時，可能會被認為含有某種其他意義。

5・受獎者致辭時的注意事項

人人都喜歡被重視

「人心最深處的願望，乃是名譽受到重視。」女作家瑪裘莉・威爾遜所說的這一句話，把一般人的感情毫不造作的表現出來。我們都希望自己的人生圓滿，希望獲得他人的賞識以及重視，就算是一句讚美也好，所以難怪正式的表彰能夠有如魔術一般，使人心情高揚。

著名的網球選手阿魯迪・吉普生，在他的自傳裡如此寫著：「我希望自己能在某一方面有所成就。」他的這一句話，事實上也就是每一個人的願望。

在頒獎致辭時，必需對受獎者保證他（她）在某一方面確實有了「驚人的成就」。凡是受獎者，都是以某種努力獲得成功者，所以都必定具有某種資格獲得榮譽。所以，頒獎時必需簡單扼要的說明：「我們是為了讚賞獲獎人而集合。」

對於時常獲得榮譽的人來說，或許所謂的「獎狀」並不算什麼，可是對於運氣並不怎麼亨通而偶然得獎的人來說，或許這將成為他畢生的記憶。正因為如此，頒獎致辭時，對於言語的運用，必需多用一點心。

1．必需說出他得獎的理由。不管是對長年的全勤獎或者是優勝獎，甚至是為傑出業績所頒發的獎，都要對其得獎的經過展開簡潔的說明。

2．從得獎者的業績之中，挑出大家關心的事談一談。

3．敘述得獎者如何能夠得獎，以及大家對得獎者如何的支持。

4．替代大家對得獎者的將來，表達一些祝賀之意。

以誠心的方式表達

這一類演說雖然簡短，但是更需要誠實的心。因為發表頒獎致辭不僅是對得獎者，就是對你來說，也是一件榮譽，而且選你作為發表此項演說的人們，也會認為把需要動腦筋與心思的事情交給你去做，一定能使他們感到稱心滿意。

與其瞎捧不如強調好感

雖然要對得獎者表示好感，但是發表頒獎演說的人，絕對要避免逞能逞強而得意忘形，以致犯了過錯，因為過度誇張的敘述，乃是一件極易發生的事情。雖然得獎者確實是有資格獲獎，但是太過火的讚揚最好要避免，因為那不僅會使受獎人坐立不安，就是連聽眾也會感到肉麻。

同時，也不宜誇張該獎的重要程度。與其強調該獎的莫大價值，不如強調你和聽眾

對受獎人的好感。

6．受獎者的心得演說

簡潔而勿誇張

受獎者的演說應該比頒獎者的演說短。當然啦！那些演說的內容也不必暗記，不過事先把要說的話整頓好，總是對你有益處的。此外，千萬要保持鎮定，以免在答禮時，不知應該說一些什麼。

只是說：「謝謝……」或者「今天是我畢生中最快樂的日子。」或是「今天我碰到了最高興的一件事。」並不是很動人的答禮方式，這種說法跟頒獎致辭一般，仍然潛伏著一種誇張的危險性。

與其如此說，不如以更中庸式的言詞，很巧妙地從內心說出感謝之意。以下便是一個值得介紹，而且比較正式的受獎演說方式。

1．對於頒獎者由衷的表達感謝之意。

2．與協助你的同事、部下、友人以及家族一同分享榮譽。

3．敘述該獎對你自己具有何種意義。如果得到的是禮物，又是經過包裝的話，不妨把它打開，讓聽眾瞧瞧，再對他們說明其用處。

4．最後再次衷心地說出感謝之意，以此結束演講。

在本章裡，我已經談論了三種特殊談話的方式。由於工作的關係，或者由於你加入的團體、俱樂部等的關係，說不定你就能把它們派上用場。

當你要進行這類的演講時，我奉勸你要慎重的遵守書上的建議。只要如此，你就能夠說出適時適地的演說，由此獲得很大的滿足感。

13・有計劃的演說

在有計劃之下談話

一個理智的人，絕對不會在毫無計劃之下蓋自己的房子，然而當他開始談話時，是否也能針對主題，在毫無準備之下款款而談呢？

所謂的「談話」，就像具有目的之航海一般，必需憑著航海圖決定航路。如果在漫無目的之下出發，當然就無法抵達自己想要去的地方。

如果可能的話，我想在這個地球上，逢到有學生研究有效果的談話方式時，不妨以拿破崙的這段話作為座右銘——

「戰術就是科學，除非經過計算以及思考，否則絕對不能獲得成功。」

這一句話，不僅可應用於戰爭方面，亦可應用於談話方面。然而，說話的人是否都察覺到了這一點呢？縱然是察覺到了，但是有沒有付諸實行呢？據我所知，多數的談話幾乎都是在毫無計劃與準備之下進行。

三個主要的階段

欲把一些思想更有效果、更上乘地組織起來的話，應該如何進行呢？首先，必需把那些想法好好的研究，否則什麼目的也達不到，更不可能得到正確的法則。在激勵聽眾行動的演說裡，我們可以分成三個階段進行。

所謂的三個階段也者，就是「喚起聽眾注意的階段」、「說話的本體」以及「結論」。關於針發展各個階段有幫助的方法，有以下幾項經過長年考驗的作法。

1．一開始即引起聽眾的關心

有一天，我請教西北大學的校長林．哈魯特．赫克博士，做為一位資深的演說者，他是否獲得了某種啟示性的經驗？對於我這個問題，博士稍微思考一下就如此回答：「必需想出一開始就能引起聽眾興趣的話。也就是說，想出一開始就能夠獲得聽眾的好意以及關心的話題。」

赫克博士這一句話，已經觸及具有說服力的談話方式的核心。你應該如何做，才能一開始就吸引聽眾呢？以下就是幾個好方法，只要你好好的應用它們，便能夠一開始就牢牢的抓住聽眾的心。

一、以事件或者實例開始

以新聞解說者、演講家，以及電影製作者的身分名聞國際的羅威爾．湯馬斯，針對《阿拉伯的勞倫斯》，作了如下的敘述——

「有一天，當我在耶路撒冷的基督徒街漫步時，碰到一個穿著豪華服裝的男人。由外表看起來，他似乎是東方的特權階級。他的身側佩帶一支鍍金的劍，這種劍似乎只有預言者穆罕默德的後裔才能夠佩戴……」

他以此開始演講，因為基於他的經驗，諸如此類的開場白最能夠引起聽眾的好奇心，而且絕對不會招致失敗。由於他的話題會移動，會向前行進，連聽眾也會緊跟著它前進。當我們認為自己也變成了話的一部分時，便會很想知道究竟發生了什麼事情。

除了使用實例展開演講以外，我就不知道是否有其他的話題更能夠發揮引導人的力量。以下的話題我已經運用了好多遍，這一個話題當場就能夠引起聽眾的關心。

「大學畢業後不久，有一個夜晚我在南達克達州的休倫市漫步。這時，我看到一個男子站在肥皂箱上面，對著一群人說話。在好奇心的驅使之下，我也加入了聽眾裡面。『大家晚安……』站在肥皂箱上面的男人說：『你們知道印第安人中，何以沒有禿頭的人嗎？女人為何不會禿頭呢？現在，我就告訴你們理由……』」

像這種話，不宜中途停下來，更不必多說一些開場白，如此長驅直入的方式，將更容易引起聽眾的關心。

使用產生自本身經驗的故事開始談論的演講者，可以說是處於安全的地盤上面。因為，他不必暗中去摸索自己要說的話，所以思緒也不會中斷。把你的人生經驗再度展現出來，必能夠在你跟聽眾之間製造出和睦的關係，並且能使你更充滿自信。

二、製造緊張的氣氛

以下，就是鮑爾・希利在費城體育俱樂部演講時所用的開場白——

「八十二年前，倫敦發行了一本小型的書籍。結果呢？它竟然變成了不朽的名著，到處都有人在閱讀它。犬多數人都稱它為『世界上最偉大的小書』。這本書剛剛問市時，在史多蘭多街以及貝魯梅爾碰到的好友們，都在彼此詢問是否看過那一本書？而答案總是一樣的，大家都異口同聲的說：『看過了。』

「上市的那一天，那本書就賣了一千本。在還不到兩個星期時，已賣出了一萬五千本。從此以後，再版了好幾千次，而且還被翻譯成很多國家的語言出版。數年前，J・

摩根以一筆極大數目的金錢，購買了那一本書的原稿。如今，這部原稿被陳列於他的藝術展示館裡面，就安置在各種貴重的寶物之間。這一本世界聞名的書叫做什麼名字呢？你們知道嗎？那就是……」

如何？你感到興趣嗎？你想知道更多嗎？這個演講者是否引起了聽眾的好奇心了呢？這個開場白是否引起了你的注意呢？為何會如此呢？總而言之，它是先引起了你的好奇心，再增強你的期待之心。

「好奇心」！難道有人能不為這三個字所動嗎？依我看，連你也不得不動心吧？你一定想知道那是什麼書，作者又是什麼人，對不對？為了滿足你的好奇心，我就把答案告訴你吧！作者的名字叫卻爾斯・狄更斯，書名叫《耶誕讚歌》。

製造緊張是使聽眾感到興趣的絕對有效的做法。以下就是我在主題為「消除不安，快樂地生活的祕訣」的演講裡，試著製造緊張的一個例子——

一八七一年的春天，一個後來成為世界著名的物理學家，名字叫威廉・歐斯勒的青年，拿起了一本書籍，閱讀了將來會影響他很大的二十一個字。」

這二十一個字是什麼呢？那篇文章對他的將來有何影響呢？聽眾一定很想知道答案的……

三、敘述衝擊性的事實

賓西法尼亞州立大學婚姻分析所所長克利福德·阿達姆斯，有一天寄了一篇論文給《讀者文摘》，題目是〈找尋伴侶的方法〉，他在序文中便引用了一個駭人的事實。

「今日，我國的青年想憑藉結婚抓住幸福的想法，實在教人感到擔心。離婚率的上升教人感到害怕。一九四〇年，五對或六對的夫婦中就有一對婚姻觸礁。到了一九四六年左右，這種比率預計會上升到每四對裡就有一對。如果這種傾向長期地繼續下去的話，到了五十年後，比率將上升到二分之一。」

以下，我還要舉出兩件「衝擊性的事實」，做為開場白的例子——

「陸軍部預測，如果現在發生原子戰爭的話，一夜之間，就會有兩千萬的美國人被殺。」

「幾年以前，斯克利甫·霍華系的報紙，投下十七萬六千美元的費用，舉行了一次『消費者對零售店的不滿』的調查。這一次乃是針對零售業，投擲最多費用所展開的一次又科學又徹底的調查，總共對十六座城市的五萬四千零四十七個家庭展開質問。其中的一個質問為『對這個城市的商店最不滿的地方在哪裡？』對於這個質問，將近五分之

二的人提出了相同的答案，那就是『店員不懂得禮貌！』」

這種開場白的敘述方法，對於跟聽眾建立感情比較有效果，因為那些話給了聽眾很大的衝擊。這是為了使聽眾把注意力集中於演講的主題上，而使用的手段，乃是以聽眾意想不到的事實，贏得他們的關心，也就是一種「嚇人的技巧」。

在華盛頓講習會上的一個女生，更有效果的使用了這種利用人類好奇心的方法，她的名字叫梅格．修伊兒。以下，就是她的開場白——

「我整整被囚禁了十年。不過，我並非被關在一般的牢房，而是被囚禁在劣等的圍牆裡面……害怕他人批評的鐵格子，根本就跟牢房一般無二。」

關於這一句表白，你是不是也想知道得更清楚一些？

使用教人大感驚訝的開場白必需避開的「危險」，也就是不能太造作或太過於情緒化。就像假若有一個人在談話以前，都要先使用一把槍向空中發射一次，那麼他所說的話固然能教很多人關心，但是他也震破了聽眾的耳膜。

在晚餐桌上試一試

開場白必需以會話的方式展開。如果你想知道自己說的開場白是否像會話，那就不妨在晚餐桌上試試看。如果你的那些話不適於在晚餐桌上使用的話，那麼在聽眾面前它也不可能像會話。

避免一意孤行

有時你認為能夠引起聽眾關心的開場白，實際上都教人感到不勝其煩。例如，在最近，我曾聽到一個演說者如此說：「信神，同時也信自己的能力……」聽起來確實充滿說教的意味，而且教人感到厭煩。不過請你注意下面這一句教人產生興趣的告白，演講者在說這句話時充滿了感情——「家母在一九一八年新寡，在全無遺產之下，必需靠著她的一雙手撫養三個孩子……」

省略開場白

如果想使聽眾感興趣的話，不妨省略開場白，一開始就進入談話的核心。法蘭克貝卡就是採取這種方法。他寫了一本書《我如何在販賣外交方面獲得成功》，並在最初的一行就以使人感到緊張的方法來寫。在美國青年商業工會的主辦之下，他跟我一起巡迴於美國各地，舉行有關販賣的演講。他對演講很熱中，同時他的演講方式也一直教人佩服。

他從來不說教，不裝腔作勢，也不說一般理論，總是單刀直入演講的主題。譬如，他曾經說：「自從我決心過職業棒球選手的生活以後，過了不久發生一件事情，給了我有生以來最大的衝擊！」

這個開場白到底對聽眾產生了多大的效果呢？因為我始終在場，當然知道得一清二楚。每一個人都很想聽聽法蘭克受到衝擊的理由和狀態，以及法蘭克如何的處置它，於

是都感到興致高昂。

四、叫聽眾舉手表達意見

為了喚起聽眾的關心，不妨讓聽眾以舉手的方式來回答你的質問。例如，我以「防止疲勞」的主題舉行演講時，就曾經使用過這種方式——

「我想用舉手的方式跟大家溝通一下，大家認為自己往往比預料中更快就會感到疲勞的人請舉手。」

此外，你還必需注意一件事情，那就是叫聽眾舉手時，必需使他們有思考的機會。你不能一開始就說：「認為所得稅必需降低的人到底有多少呢？請舉手！」

在你如此做以前，必需給聽眾表示意見的機會。你不妨如此開始：「對於一個具有重大意義的質問，我要求大家舉手。以下就是我的質問——在你們之中，有多少人相信贈品交換券對消費者有利益？」

請聽眾舉手的技巧，能夠獲得「聽眾參與」的珍貴反應，只要使用它，你所說的話就不再是「單行道」了。如此質問後，再叫聽眾舉手，他們就會針對自己喜歡的話題，思考自己本身的事情。甚至他們會一面舉手，一面再看看還有誰會舉手，以致忘記自己正在聽演講，而開懷的笑出來！冰塊已經融解了，演講者及聽眾都會感到無比輕鬆。

五、給予聽眾利益的保證

真正要引起聽眾關心的話，那就告訴他們只要按照你的方法去做，就能夠獲得他們想要的東西。以下就是幾個最明顯的例子。

「我現在要教大家一個防止疲勞，每天多一小時清醒時間的方法。」

「我要教大家一個大量增加收入的方法。」

「只要利用十分鐘聽我說話，我就教大家一個更能吸引人的方法。」

「諾言」式的開場白，因為能夠直接的給聽眾利益，當然能夠引起他們的注意。儘管事實就是這樣，但是演講者往往懶於把他的話題跟聽眾的心事連結起來。

很多演講者不僅不去開啟「注意之門」，反而會拖拖拉拉的敘述主題的由來，以及說一些理解話題所需要的參考事項，使得聽眾猛打呵欠。

數年前，我聽到一場對聽眾具有重要性意義的演講，那是強調定期健康檢查必要性的演講。演講者並沒有把話題本來具有的魅力，有效果的在開場白中增強，反而使用冷淡的背誦方式說出來，以致聽眾都感到興趣缺缺。

如果你這樣說的話，效果就不同了——

「你認為自己還能活多久呢？壽險公司利用上百萬、上千萬人類的壽命做為參考，創造了所謂平均餘年的算法，也就是以八十減去現在的年齡，答案的三分之二就是你的餘年……那麼，你認為有那些餘年就很不錯了，對不對？不然！我們都希望長壽，因此這種推算還不能算是正確。不過，你知道如何才能使自己長壽嗎？那些統計家推算出來的殘餘生命，真的能夠延長嗎？答案是可以。那麼應該如何做呢？現在，我就來告訴大家……」

這種說法是否能贏得你的關心，而使你不得不仔細的聽下去呢！關於這一點，我就留給大家去判斷吧！

當你會曾不由自主的仔細傾聽演講，乃是因為演講者不止是在談論你的人生，同時也是在談論對你非常有利益的事情之故。演講者一旦採取這種方式談話，聽眾根本就無法抗拒他。

六、使用展示物

引起聽眾注意最簡單的方法，莫過於提示眼睛所能夠看到的東西。不管是單純或是複雜的人，對於視覺的刺激幾乎都會去注意。

例如，來自費城的S‧易利斯在我們的講座上，就曾經使用大拇指與食指抓一個貨幣似的牌子開始談話，使得聽眾都不約而同地向他注目——

「你們有人曾經在人行道上看到這一種牌子嗎？對於幸運的拾主，據說會贈送不動產開發計畫的一部分地皮。凡是看到它的人，只要拿著它，打電話到不動產開發公司就行了……」

接下來，易利斯就以那個牌子為開端，以論理的方式，非難不動產業者容易招致誤解的作法。

以上所敘述的方法，都具有值得推舉的長處。它們可以單獨派上用場，也可以經過組合才端出來。不過，聽眾是否會接受你以及你的說法，那就要看你是如何的把話說出來了。

2‧勿使聽眾對你產生厭惡感

你不但要引起聽眾的關心，而且要贏得他們好意的關心才行。只要是一個聰明的

人，他絕對不會去侮辱聽眾，更不會說出一些叫聽眾產生反感的話。話雖如此，在演講時犯了如下這些禁忌者，還真為數不少呢！

一、勿以辯解開始

一開始就辯解的演說，絕對不能帶來好的開端。例如，演講者以抱歉的口吻說他沒有時間從事準備，或者他實在不適合於這次演講等等。其實，這些話都是多餘的，他是否準備妥當，就算他沒有說，聽眾自然也能夠察覺出來。

事實上，不曾經過準備的演說，不是比經過準備的演說更具有價值嗎？或者你是認為對付那些聽眾，只要使用一些陳腐的材料塘塞就夠了，根本就不必為他們準備什麼話題呢？

其實，為什麼要說這一些話來侮辱聽眾呢？聽眾根本就不想聽那些話，他們喜歡聽對自己有益的事情，以及能教他們關心的事情。你最好一開口就抓住聽眾的關心。我並不是說在第二句話或者在第三句話時方才引起聽眾的關心，而是要在第一句話就引起他們的關心！

二、避免以滑稽的話作為開場白

有一種多數的演講者喜歡使用的技倆，我並不曾介紹過，那就是以滑稽的談話做為開場白。由於他們具有一種深刻的誤解，以為剛學會演講的人，必需使用「玩笑話」做為開場白，以便使現場明朗化、愉快化。

這些喜歡以「玩笑話」充作開場白的人，往往自負的認為自己是再生的馬克•吐溫。事實上，這一招是行不通的。如果你知道「玩笑話」常會招來悲哀的事情的話，你一定會感到狼狽異常，而且或許有一些聽眾老早就聽過你所說的笑話了呢！

不過，對任何的演講者來說，幽默的感覺都是很貴重的本錢。所謂的演講也者，不管是開場白或者是全體，並不一定要像大象一般穩重，或者始終保持嚴肅的態度。如果你能夠引用當地的狀況，以及當場發生的事情，或者將前面那些演講者的舉止攙進你的機智中，使聽眾發生愉快的笑聲的話，那你就不妨表現一番吧！

除此以外，你也可以發揮你的觀察力，找出一些古怪而可笑的事情，再將它們誇張化。諸如此類的幽默，比起固定式的笑話，將獲得更大的成功率，因為它能拉近與聽眾之間的距離，而且又是獨創之物的原故。

最容易引起愉快笑聲的，乃是描寫你自己的糗事，這也是幽默的精髓。多年來，傑克‧貝尼都是使用這種方式，他是第一個嘲笑自己的廣播喜劇演員。例如，他曾說出自己不善於拉小提琴、因貪心所招來的禍事，以及倚老賣老的毛病，而把自己說成一文不值，引起聽眾哄然大笑，使得收聽率年年高升。

對於那些以幽默的方式把自己的缺點抖出來，故意卑視自己的演講者，聽眾都很感到興趣。但是相反的，對於那些自作聰明、裝腔作勢的演講者，聽眾的反應部一向很冷淡，而且還會排斥他。

3‧補充主要的思想

那些能激勵聽眾實際行動的長篇大論，一定會有好幾個要點。其實，所謂的要點是越少越好，而且都需要補充的材料。在〔第七章〕裡，我們曾經針對要點（也就是你希望聽眾做的事情），談論過利用經驗談以及例證補充的方法。使用實例的做法，由於能夠引起人類的基本性衝動，以致廣泛的被利用。

尤其是事件及各種實例，更為一般的演講者所喜用，不過這並非補充要點的唯一方法。除此以外，像統計數字、專家的證言、類比、展示物以及實地演練等，都可以派上用場。

一、利用統計數字

統計一向被使用於表示事象（概念性）的均衡，因為單一的實例很難以教人相信，所以有所謂印象式的說服方式產生。例如，有關小兒痲痺疫苗的計劃之效能，曾經由獲自全國的統計數目，而得到很高的評價。雖然有極少不見效的例子，但是以全體來說，已經足以證明它的功效。

統計本身是枯燥乏味的，因此只有在迫切需要時，方才會使用它們。逢到利用統計時，不妨加上一些鮮活的言詞，藉以引人注意。

紐約人時常不立刻去接聽電話，以致浪費了很多時間。例如，一百次的電話裡，其中就有七次電話到被對方接聽為止前，必需浪費一分鐘以上的時間，如此累積下來，紐約人每天就要浪費二十八萬分鐘。以紐約全市計算，在六個月之內，這一分鐘的浪費，將等於哥倫布發現美洲以來，一般公司或者銀行營業時間的總和。

單純提出數學單據及數量，不會使人留下很深的印象，所以舉出例證是非常必要的

一件事。我曾經在克蘭多・克利堤防下的動力室，聽到某位介紹者的說明。其實說明房子的大小，本來可以用幾平方公尺來表示就可以了，但是這位介紹者的說法更富於說服力。他利用能收容一萬名觀眾的球類比賽場，來比喻該房子的大小，而且他還補充說明縱然如此也還有餘地設置幾個網球場。

班上的一位學員曾經提出了前年在火災中燒毀的房舍數目。他說如果把那些燒毀的建築物排列起來的話，長度將等於紐約到芝加哥之間的距離。對於燒毀的房舍數字我已經忘懷了，可是從紐約到芝加哥那燃燒中的房舍，至今仍然很清晰的出現在我的眼前！

二、利用專家的證言

利用專家的證言，能夠使演講中的主題更為明確化。不過，在利用以前，還必需檢查它是否合適？

1・你想利用的引證是否正確？

2・你要引用的材料是否出自專業人員之手？例如，談論經濟時，若以拳擊家的話為見解，那就不妥了。很明顯的，這並非在利用他的長處，而只是在利用他的知名度。

3．引用的材料是否出自聽眾熟悉以及尊敬的人？

4．確定他的話是基於客觀理論而說？或者是出自個人的偏見？

布魯克林講座上的一個學員，在說到工作專業化的必要性時，引用了安德魯·卡耐基的談話。他的選擇很正確，因為他引用的人不僅有正當的資格談及專業化的問題，同時也是聽眾尊敬的人物之一。

不管是就哪一種工作來說，必需專精才能夠成為該部門的專家。據我所知，對很多事情都關心的人，幾乎沒有一個人獲得成功。凡是成功的人，都是選擇一個專門職業，把畢生精力投注於這個專門職業的人。

三、使用類比

據韋氏辭典的解釋：「所謂的類比也者，乃是存在於兩種東西之間的相似關係，而非該東西本體的類似性，通常是由兩個或者兩個以上的屬性或是效果的相似所成立。」

使用類比方式，可以補充主要的論點。吉拉多·德比遜擔任內政部次長時，曾經舉

行了「電力增強必要性」的演說。為了補足論旨，請大家注意，他是如何使用類比方式的——

「繁榮的經濟必需不斷的向前推進，否則將一直下跌。飛機的情形與此是類似的。在地面時，那些螺絲並沒有用處，不過在空中飛行時，它們就會發揮出本能。飛機飄浮於空中時，就得繼續前進，不動的話，就會掉下去，而且也無法後退。」

四、使用展示物或者實地演練

一位火爐製造公司的主管人員，當他召集特約販賣部的店主談話時，深感必需針對一個事實——燃料並非從上面而是應該從底下補給，而展開戲劇性的表現方式。他在經過一陣思索以後，在蠟燭上點火，然後說：

「請大家注意，現在火焰不是很清澄而且燃燒得很好嗎？燃料雖然會變成熱量，不過幾乎不冒煙。蠟燭的燃料就彷彿補充爐子的火一般，必需從底下供給。如果這一支蠟燭的燃料從上面添加的話，又會變成如何呢？」說到此地，談話者把蠟燭倒反過來又說：「如此一來，火焰變小了很多，同時也冒出了煙。由於不完全燃燒，火焰也會變成紅色。由此可見，從上面補給不完全燃料的結果，火焰必然會熄滅。」

亨利・摩頓在《你的生活》雜誌上面，發表了一篇文章談到「律師如何贏得訴訟」。他生動的描寫一名叫易夫・哈馬的律師，因損害訴訟事件擔任保險公司的辯護人時，如何利用舞台式的演出，以獲得勝利——

「原告波斯魯斯威訴說，是電梯的回轉軸掉下來擊中了他的肩膀，使得他無法把右臂抬起來。

「哈馬裝出很同情的表情說：『波斯魯斯威先生，你能把手臂舉到什麼地方呢？不如做給陪審員們瞧瞧。』波氏小心翼翼的把手臂舉到耳朵處。『那麼，你還沒受傷以前又能夠舉到什麼地方呢？』結果波氏一面說：『大約這樣……』時，一面把手臂舉到了頭上。」

關於這一次的實地演練，陪審員會有如何的反應，那就有待大家去判斷了——

說一些長話激勵聽眾展開行動的時候，可以舉出三、四個要點。但是，雖然用嘴說出來的話，花費不到一分鐘，不過對聽眾來說，暗記起來仍然有些麻煩。為此，你不妨使用一些材料來補充這些論點，而且這些補充材料也能夠為你的談話添加活力與趣味。只要巧妙的利用事件的實例以及比較、實地演練等手法，就不難使你的主題變得活潑與

生動。此外，利用統計及證言，更能夠強調真實性，以及論點的重要性。

4．促進行動

成功的關鍵在於結尾

有一天，我去拜訪產業大亨以及人道主義者喬治・強生，並且和他談了兩、三分鐘。他很擅長於演說，不時惹得聽眾又笑又哭，而且聽眾在聽過他的演講以後，往往都無法忘懷。

他並沒有專用的辦公室，龐大而忙碌的工廠中的每個角落，都是他的事務所。「你來得正好，我剛剛做好一件工作。」他對我說：「我今夜要對公司員工說一些話，現在我正在寫一些結尾的話。」

「把整個的話題在內心裡整頓好，如此就能比較放心。」我對他說。

「哪裡，我從來就不曾把開始到結尾的話都在內心裡整頓過。」他說：「我一向只整頓概略的想法以及最後的結尾。」

他是十分內行的演講者，即使沒有時時使用名言、名句的野心，但基於長年的經驗，他已學會了成功的意思傳達的祕訣。他知道欲使演講成功的話，結尾比什麼都重要。為了加深聽眾的印象，必需使全部的演講順著論理的脈絡，自然的注入結尾。

錯誤的結尾語

結尾是演講中最重要的戰略要點，因為它是演講者給聽眾的最後意念，也是一種餘韻，能自然長久的留在人們的記憶裡面。

很遺憾的是，初次學會演講的人往往都忽略了這個重要性，以致結尾語常予人一種不倫不類的感覺。

第一、他們幾乎都喜歡說：「到此為止，關於這個問題的意見我已經說完，因此我就要在這裡結束談話。」這麼說，無異是在為自己的無能放煙幕彈，也等於是在說：「謝謝大家聽我的談話。」

老實說，這並非「結尾」，而是一種「錯誤」。如果真的已無話可說，那麼何不乾脆省掉那些多餘的話坐下來呢？至於你所談的結論，那就讓聽眾去下判斷吧！

有句話說的是：「抓牛時，為了方便事後放開牠，最好不要抓牠的角，而去抓牠的尾巴。」不知做結尾的演講者，就彷彿抓了牛的角一般，不管如何的努力，一旦放開了牛角，就再也無法立刻跑到就近的圍欄裡。結果呢？只得一面惡戰苦鬥，一面在原地打轉。

這種尷尬的情形能避免嗎？凡是要演講的人，非得想到結尾語不可。然而面對著聽

眾，在緊張萬分之下想集中精神思考結尾語，實在是不很容易。所以，最好在事前就準備一下，如此就可以在很圓滿之下，完成你的演講。

至於到底如何做，才能把演講結尾帶到最頂端呢？以下就是一些啟示。

一、摘出要點談論

長時間演講時，如果演講內容拖拉不斷的話，到了最後聽眾還是抓不到要點。很遺憾的是，演講者很少能察覺到這一點，他認為那些要點在自己的內心有如水晶的明亮，聽眾自然也不例外。雖然演說者耗費了一段相當長的時間，建立了自己的思想，但是對聽眾來說，它卻是第一次進入他們的耳朵裡面呢！這種情形，就彷彿向聽眾扔出一把散彈似的，只能給他們支離破碎的印象。

大文豪莎士比亞就如此說過：「聽眾可以記得很多東西，然而明確地說來，都絕不是個完整的記憶。」

愛爾蘭的某政治家說出了他的演講祕訣：「首先你可以透露一些你想說的事情，再仔細說明那件事情，最後再總結你到底說了一些什麼。」

二、要求聽眾行動

到了你要求聽眾行動的最後階段，接下來就要全面的展開要求了。你可以要求他們參加某種行動、要求捐款、要求投票、要求加盟、要求打電話等等。不過，你要先確定一下你是、否遵守了以下的注意事項。

要求必需具體 不宜說：「請你援助紅十字會。」因為那太籠統了。必需說：「今夜，到本市第一二五街的美國紅十字會捐出您的善心。」

求取聽眾能力內的反應 如果你對聽眾說：「對飲酒的惡習投反對票。」那實在太牽強了一點，這種事情即使想做也做不來。所以，不如叫他們加入禁酒同盟，或者叫他們捐款給不讓禁酒法復活的團體。

使聽眾容易行動 「寫一封信叫州裡所選出的議員投反對這個法案的票。」凡是聽到這句話的人，百分之九十九都不會寫那種信。與其如此做，你不妨親自寫信給議員說：「在下面署名的人們，都希望你對第七四三二一號法案投反對票。」並在聽眾面前閱讀。然後，讓這封信跟一支筆在聽眾之間傳遞，如此的話，一定能夠獲得很多人的連署贊同。

14・日常會話

顯現於日常生活的種種效果

學員們常常問我，如何把這本書所介紹的技巧，應用到日常生活方面。

的確，售貨員之所以能夠增加販賣額，經理級人物之所以能夠獲得升遷，主管人員之所以能擴大其支配範圍，乃是使用了有效果的談話方式下命令，或者提高了解決問題的技術所使然。

誠如李察・德勒所說的一般：「談話的型、談話的量，以及談話的氣氛，在產業的意思傳達組織裡面，都具有舉足輕重的力量。」

將軍牌馬達公司的負責人弗雷德・凱納利，他也如此說：「將軍牌馬達公司所以對談話的訓練那麼關心，最根本性的理由之一，乃是要使監督者都能成為好教師。」

從跟求職者面談開始，監督者必需透過新職員進入公司時的訓練階段，決定正式的部署，而且在考慮到他們的升遷問題時，監督者還必需不斷的對部下說明無數的問題，甚至被上級要求對部下展開批評、教導與責罵，或者是溝通。

本書所指導的有效談話術，適用於日常的談話方面，而在他人面前有效果的談話法則，對領導會議的進行也很有幫助。

思想的重整法、說話的技巧，以及傳達意思所必要的熱情跟認真，到了解決的最後階段，都會變成思想的重要因素。這些因素本書都已徹底的談論過了，剩下來的一件事情，就是大家在參加會議時，必需能好好的把自己學到的東西拿出來應用。

現在就開始應用

對於〔第十三章〕所說的，你或許仍弄不清楚該在何時派上用場？我對這個質問的答覆是——現在立刻就把它們派上用場。

在〔第七章〕我曾經強調過，在大家面前說話時，必需應用四個一般目的中的一個。這裡所謂的「四個目的」也就是指提供知識以及情報、使聽眾快樂、使聽眾同意你立場的正當性，以及激勵他們實行某一件事情。在大眾面前演講時，無論是對於談話的內容、談話的態度，都必需把目的明確地區別開來。

在日常會話方面，這些目的將更具有流動性，藉著它們彼此的混合，再隨著話題的進展，將不斷的發生各種變化。例如，本來是在談一些心事，突然把話題轉到買賣方

面，又談到防止浪費的方法、儲蓄的好處等等。

只要把學自本書的技巧應用到日常會話方面，我們就能夠把自己的想法傳達給他人，甚至能技巧的激勵他人行動。

1．在日常會話裡使用細部描寫

在〈第四章〉我已經勸導過大家，在談話裡加入細部描寫以後，將能夠使你的話顯得更為生動。不過在〈第七章〉，我是針對看在大眾面前演講而說。事實上，在日常會話裡也可以使用細部描寫。你不妨想想四周善於談話的人，他們不就是善於使用細部描寫的手法嗎？

為了增進會話的技術，非有自信心不可。如果欲達到這個目的的話，你可以參照這本書的前三章。只要你能夠加入他人的談話裡面，在非正式的場合中發表意見的話，就可以培養出一種必要的安定感。就算是在有限的範圍裡，由於產生了熱烈地發表自己想法的念頭，必然就能夠在自己的經驗之中，尋找適合於會話的題材。如此一來，你的話題就會不斷的擴大，察覺到自己也能開始以新的眼光面對人生。

當主婦們開始把談話技術應用於會話的小團體時，她們方才會發現自己對於報告種種事情，突然變得很熱心。辛辛那提的哈特夫人說：「我受到了新產生的勇氣所鼓舞，開始參加社交的集會活動，談起話來也比以前活潑多了。我再也不躲在自己的硬殼裡，反而積極的參加各種活動。」

一旦被學習的意欲刺激，想應用學來的東西發揮一番時，一個人就會變得活潑起來，同時相互作用的齒輪也將活動起來。目的建成的循環過程被形成之後，只要按照本書教過的原則付諸行動，你就可以充分的體會到成就感。

我們之中只有極少數是從事教師的工作，不過我們都有很多機會談一些能提供他人知識情報的話。例如，如何以父母的身分教導孩子、說明如何教鄰人種植玫瑰花等等。關於提供知識以及情報方面，〔第八章〕所敘述的各項也可以派上用場。

2．在職業場所活用有效的談話術

在這裡，我們要進入在意思傳達過程中，對職業有影響的領域。對於售貨員、經理、店員、課長、群體指導者、教師、牧師、護士、醫生、律師、技師等工作者，我們

必需說明其特殊範圍的知識，並且負起專業指導的責任。

巧妙地表現言語的能力，可以在蒐集知識及情報時培養，這種技術並非只限定在正式談話裡發揮，它也可以應用到任何人的身上，並且是隨時隨地都能夠利用的。

3．爭取在公眾面前說話的機會

除了在日常會話裡利用本書的法則以外，你也應該去爭取在公眾面前談話的機會，或者加入時常舉行演講的俱樂部，參與活動，擔任一些委員會的工作。有機會的話，也不妨試一試司儀的工作。

你可以到需要演講者的機構效勞。像募捐運動的主辦者，老是在找尋募捐運動的演講者，他們一定能提供你上台演講的機會。事實上，很多著名的演講者就是這麼崛起的。例如，電視及廣播界名人薩姆・李普森，原是紐約高中的教師，他在僅有的餘暇活動裡，開始講述一些自己熟悉的身邊瑣事，自己的職業以及家族的情況等等。於是，開始有很多團體請他發表演說，使他再也無暇教書。從那時起，他就被電視廣播界所羅致，開始客串性的演說，不久以後就到廣播界發展自己的才華。

4．再接再厲

有一天會突然進步

不管是法語、高爾夫球或是公眾演說，反正學習新的東西時，並非一下子就能成功。學習的過程有如波浪般，有時空進，有時停滯。關於這種停滯以及退步的時期，心理學者管它叫「學習高原」。

學習有效果談話術的學員們，也會有好幾個星期被釘死在這種「高原」上面，好像任憑如何的努力都脫離不開。於是，意志薄弱的人將因絕望而放棄，不過有耐心的人卻會繼續奮鬥下去，以致有一天突然發覺自己竟在一夜之間有了驚人的進步。這時他將有如飛機一般，從高原升空，感到自己的談話術有了長足的進步。

有如本書所敘述的一般，開始站在聽眾面前時，任何人都免不了會感到恐懼以及不安。不過，只要有恆的一再忍耐、一再磨練，你就可以根絕所有的恐懼感以及困難。問題通常都會出現在剛剛開始的時間裡，只要過了一段時間，你就可以控制自己，並且伴隨著積極的喜悅，繼續說下去。

林肯的忠告

一個決心攻讀法律的青年寫信給林肯要求指點，林肯答覆他：「如

果你決心做一個律師的話，你已經達成了一半以上的目的……想成功的決心，比什麼事情都重要。關於這一點，你要時時銘記在心。」

林肯有過這種親身的體驗。在他的一生中，他上學的時間不足一年，不過所讀的書都不少。林肯說過，凡是在離他家鄉十英里以內的藏書，都被他讀遍了。林肯小屋裡的暖爐整夜都燃燒著，而他就是利用這些火光讀書。林肯喜歡把他的書塞在圓木屋的木材之間，待翌日黎明時，他就揉著惺忪的睡眼，躺在床上研讀。

他時常徒步二十甚至三十里的路程去聽演講，在歸途中，碰到雜貨店有人群時，他就在現場練習演講。他也加入紐塞倫與史普林飛爾的討論會練習演講。林肯在女性面前一直顯得很害臊，到結婚為止的交往期中，他只是聽著未婚妻瑪莉・陶德說話，卻很少跟她說話。不過，林肯憑著獨學以及練習，最後便與當時的雄辯家道格拉斯上院議員並稱為議壇雙傑。在蓋茨堡及第二次總統連任演說上，他更發揮了人類史上難得一見的辯才，轟動了全世界。

輸了一百次也不放棄

白宮的總統室內掛著一張很傳神的林肯肖像。羅斯福總統曾說：「逢到必需對複雜而難下決定的事提出結論，或解決對立權利以及利害關係的問題時，我都會抬頭看看林肯的肖像，想想若是遇到這種情形，林肯會怎麼做。很奇妙的是，如此思索之後，我常能夠輕而易舉的解決問題。」

你不妨學習羅斯福總統的作法，在遭遇到挫折時，想想在這種情況下林肯會怎麼辦？至於林肯會怎麼辦？你一定知道。當林肯跟道格拉斯爭參議院席次而遭受失敗時，他曾經對友人說：「不要說是一次，就是輸了一百次，我也不氣餒。」

5．堅信將來必有報酬而繼續前進

把結果交給自然演變決定

每天早晨當大家在早餐桌上打開本書時，是否能夠順便記下威廉．詹姆斯教授如下的話呢？

「只要在讀書的時間認真的學習，最後的結果不妨交給自然演變決定，不必為此憂慮。只要如此做，當你在晴朗的早晨醒過來時，就會發現在你自己選擇的分際裡，你已經變成了同輩中能幹的人之一。對於這一件事，你可以做確實而絕對的期待。」

借用詹姆斯教授權威性的話，也就是說——只要累積正確的訓練，久而久之，你就會在某一天的清晨醒過來之後，發現自己是一個能幹的演說家。

也許現在你不相信這種說法，不過這是真理，除非你的智力及個性屬於劣等，否則

一定會成功。

平凡的職員變成了能幹的演說家

新澤西州的史多克斯州長，出席了我們講座上的結業典禮。他評論當晚的演說很出色，絕對不遜色於華盛頓議會的演講。

其實這一位演講者在一個月前，仍是個無法在大眾面前開口，他是典型患有聽眾恐懼症的患者。他只是很普通的上班人員，想不到在某一天醒過來後，竟然變成國內能幹的演說家之一。

我認識很多想努力挽回自信，試看在大眾面前演講的人們。那些人當中的成功者，很少是具有先天性的才能，幾乎都是平凡的人，但是在不折不撓的努力後，都能勇敢的站在眾人的面前。

忍耐與自信

在事業方面想獲得成功的必需條件，乃是忍耐以及最後一定會獲得報償的自信。在學習有效果的談話方面，亦復如此。

幾年前的夏天，我到奧地利阿爾卑斯山的山下，準備爬山。據指南書上面的記載，該山非常難爬，外行的登山者非有嚮導不可。我跟友人都沒有嚮導，而且我倆完全外行，於是有人問我倆這樣妥當嗎？而我倆都答以妥當。

「為什麼呢？」那人又問。

「因為有人不帶嚮導而成功地爬過這座山，而且我無論做什麼事情都不曾事先就想到會失敗。」我回答他。

使成功的潛在意識發生作用

你是否能成功，將受到你的思考所左右。你不妨想像自己能在完全地自我控制之下對別人演講，那麼只要有這種力量，你就很容易成功。也就是說，先有信心，然後才能成功。

在南北戰爭中，堅持不把砲艦駛入查理史頓港的狄潘總督說了好幾個理由，而法拉卡特總督在聽了他的話以後，告訴他還有另外一個理由。

「那是什麼呢？」狄潘總督反問。

「那是因為你沒有信心的原故。」法拉卡特總督說。

以我們的講座來說，最重視的是被擴大的自信，也就是做事時，必需要有確信自己有能力達成的強烈自信。

愛默生說：「沒有熱情的話，根本就不可能有偉大的成就。」這一句話，就彷彿是通到成功的指標一般。

威廉・費魯布斯是耶魯大學最受歡迎的教授。他在著作《教書的樂趣》中如此敘述：「對我來說，教書是一股充滿了熱情的事情。恰有如畫家描畫、歌星唱歌、詩人寫

詩一般，我也熱愛教書的工作。早晨起床之後，我都會迫不及待的想看看學生們。」

引導人生的「有效說話術」

只要對學習「有效說話術」充滿熱情，學習上的一些障礙，就會消失殆盡，讓你能面對如何使才能與力量集中的挑戰。

你不妨想想自己能獨立獨行，以安定的自信心抓住聽眾的關心，掀起他們的熱情，使大眾同意你的想法採取行動等，所帶給你的優越感。此外，自我表現力也能夠使你在其他方面幹得有聲有色。總之，「有效說話術」訓練能夠使你對所有的工作產生自信。

戴爾・卡耐基教室的講師專用手冊，有如下的一句話——

「當學員知道他自己也能夠引起聽眾的注意，又能夠得到講師的讚揚時，他就能夠萌生出從未經驗過的內在力量，以及平靜的感覺，著手做自己不曾想像到的事情，並且成功的完成它。他們會積極的想在他人面前說話，在職業以及社會活動方面扮演積極的角色，甚至成為指導者。」

關於「指導者的資格」這一句話，各章都已屢次使用過了。清晰而有效的表現能力，乃是社會指導者應有的標誌，且這種表現能力必需能運用自如於個人對個人的對話到公開的發言上。本書的內容，就是要幫助你，使你具備指導者的資格。

〈全書終〉

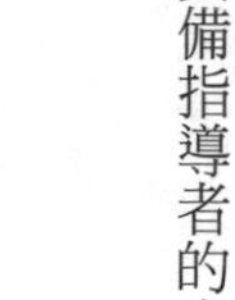

國家圖書館出版品預行編目資料

成功出色的人際溝通／戴爾・卡耐基 -- 初版
-- 新北市：新潮社文化事業有限公司，2024. 02
面；　公分
ISBN 978-986-316-895-9（平裝）
1. CST：說話藝術　2. CST：溝通技巧　3. CST：人際傳播

192.32　　112020073

成功出色的人際溝通

作　者　戴爾・卡耐基
出版人　林郁
企　劃　天蠍座文創製作
出　版　新潮社文化事業有限公司
電話 02-8666-5711
傳真 02-8666-5833
E-mail：service@xcsbook.com.tw

印前作業　東豪印刷事業有限公司
印刷作業　福霖印刷企業有限公司

總經銷　創智文化有限公司
新北市土城區忠承路 89 號 6F（永寧科技園區）
電話 02-2268-3489
傳真 02-2269-6560

初　版　2024 年 03 月